激與盪

台北危機處理「兩國論」與「一邊一國論」

邵正興 著

推薦序——

台海漣漪

「兩國論」與「一邊一國論」的危機，就像一顆石頭投入湖心，激盪起陣陣漣漪。以現在來看，有形的餘波已經過去，惟無形的盪漾猶然未止。

台灣維護主權面臨艱辛的客觀環境。中共打壓不遺餘力。美國以其國家利益為上，只顧維持兩岸現狀。國內民意，又存有嚴重的分歧。這些客觀狀況，有必要清楚的剖析，以為決策之參考。「兩國論」與「一邊一國論」事件，是兩個值得比較研究的案例。

美國在台海扮演舉足輕重的關鍵地位。華府在「兩國論」與「一邊一國論」事件中，積極介入，扮演平息者得角色。中共忌憚於美國的強大武力，因而採取「經美制台（獨）」，於是在配合美方「大陸不武、台灣不獨」之「雙重明確」上，佔了上風。相較之，台美之間有較多的齟齬。

有別於「八二三砲戰」、「一九九五、九六年飛彈危機」的武力較勁，「兩國論」與「一邊一國論」衝突程度已為減弱。中共著力於超軍事作為，展現其對台政策的靈活性。近年來，當台北丟出議題時，北京的因應已不同於過去。台、美應對的腳步，理應踏的更謹慎。

而今，執政的綠營在公投「以台灣名義加入聯合國」上勇往邁進。藍營亦難脫「政治正確」的思維，推出「以中華民國名義重返聯合國」的公民投票案。「兩國論」與「一邊一國論」事件殷鑒不遠，或許足供吾人從另一個角度，來審視公民投票前後的兩岸三邊（美、中、台）關係。

　　正興任職於台灣台中地方法院檢察署，擔任檢察事務官。他擁有多年法律專業的背景。正興利用公餘，在就讀台灣大學國家發展研究所期間，每週自台中到台大上課。基於對研究兩岸關係的興趣，及對國政的關心，大膽嘗試不同領域，完成這本「激與盪─台北危機處理『兩國論』、『一邊一國論』」之論文。他透過訪談、蒐集資料，歸納出部分坊間未見之發現，及足堪供參考的結論（包括以目前公開資料未能釐清的爭點）。期盼這本兩岸及美中台關係的著作，能提供爾後相關研究者之參考。

淡江大學國際事務暨戰略研究所教授　林中斌

前言

　　台北分別於一九九九年七月九日提出「兩國論」；二○○二年八月三日提出「一邊一國論」後，引起台灣對「美」、「中」關係危機，台北如何處理？兩次台北處理方式有何異、同？我們是否可以較深入探討中華民國—台灣，在國際上爭取主權獨立之國家定位上，面臨如何的環境？歷此二次經驗，我們是否可尋獲更適切的途徑，來確保人民的安全福祉及國家的永續久安？

　　本文分七章論述。章節安排，有其邏輯流程。第一章：討論本文的動機目的、文獻探討、研究方法、章節流程及研究限制。第二章：首先，論述「兩國論」提出及其背景：從李前總統謀劃「強化台灣主權」，看台灣的主權環境；透過組織規劃、研究，李前總統個人認為時機成熟時，如何將憲法學者的「特殊國與國的關係」，宣示為富有政治意涵的「兩國論」。第三章：其次，觀察台北如何因應美、中反應。即北京的文攻武赫，加上華府的壓力下，台北如何危機處理？尤其，台北一路修正，最後回到原點的過程，探究如何與北京、華府因果互動。第四章：再次，論述「一邊一國論」提出及其背景：陳水扁總統就任前相關談話，並就職後對大陸曾有的善意，及北京的態度。在未獲北京正面、積極回應下，如何轉折性的提出「一邊一國論」，並探究其意涵。第五章：然後，觀察台北如何因應美、中反應。即台北的主動說明與積極赴美，華府的壓力，及北京的文攻策略。就此，本文特就與「兩國論」不同的危機處理，加以整理，做為後面章節比較的根據。第六章：結論之前，先比較兩次危機處理之異同及其原因。又在相同與相異間，本文也做出輕重之比較，及台灣處境的趨勢。

　　第七章，以四個方面做出結論如下：

　　第一、「兩國論」：透過以上觀察，呈現出「特殊的國與國關係」原創意涵，似為憲法學者的學術觀點，轉變成政治意味濃厚的「兩國論」；危機爆發原因則可能是結合：李前總統提出「兩國論」、七月十日辜振甫先生的談話、七月十二日報紙報導政府即將修憲、修法，及當天下午陸委會主委蘇起記者會中，宣稱打破「一個中國」的迷思，被解讀為台北已拋棄「一個中國」等四項因素。

　　第二、「一邊一國論」：最有可能的其情形是，陳總統提出「一邊一國論」固然不令人意外，但北京打擊台北的善意，則加深了兩岸鴻溝。

　　第三、兩次危機處理的比較：觀察到，台北主觀上縱有調整與相當程度的改進，仍有諸多相同的國內外客觀環境限制，及不當的個人化決策慣性。

　　第四、台灣主權環境：現實上擁有獨立主權，實際上則受到強大的壓抑，兩件事實的交錯，形塑了台灣的主權環境。突破的方式，本書淺見認為，除了強化人民的主權認同外，爭取美方強而有力的支持，或許是關鍵所在。

　　最後，以有限的資料，本文發現有待釐清爭點存在。茲整理筆者認為重要者，計有三項。

目錄

表目錄

第一章　緒論

　　一九九九年七月九日，李登輝前總統應德國之聲資深記者訪問時，提出：「一九九一年修憲以來，已將兩岸關係定位在國家與國家，至少是特殊的國與國的關係」之「兩國論」[1]，引起北京與華府強烈反應。二〇〇二年八月三日，陳水扁總統利用世界台灣同鄉會聯合會在東京召開時，透過視訊直播致開幕詞稱：台灣要走自己的路；台灣和對岸的中國是「一邊一國」，要分清楚；要認真思考「公民投票立法」的重要性和迫切性之「一邊一國論」，再度引起華府與北京強烈反應。以下五節，要討論本文的動機目的、文獻探討、研究方法、章節架構及研究限制。

第一節　研究動機

　　台北分別提出「兩國論」、「一邊一國論」後，引起對「美」、「中」關係危機，台北如何處理？兩次台北處理方式有何異、同？我們是否可以較深入探討中華民國—台灣，在國際上爭取主權獨立之國家定位上，面臨如何的環境？歷此二次經驗，我們是否可尋獲更適切的途徑，來確保人民的安全福祉及國家的永續久安？

　　一九六四年，法國與中華民國有正式外交關係下，「決定同意承認北京，但是條件有個強硬而明智的項目，令中國很難接受；也就

---

[1]　一九九九年七月九日，前總統李登輝先生接受德國之聲（Deutsche Welle）廣播電台記者訪問時答稱：兩岸關係定位在特殊的國與國關係，一般稱之為「兩國論」，雖未臻精確，但為行文之便，本文多以「兩國論」代表之。

是，中國不得破壞法國與台灣的關係。北京忍痛答應，如果台北當時接受這個條件，以後整個外交局面可能大不相同。但是台北一九六四年二月十日做了一個事後萬分懊悔的舉動，也就是撤回大使，與法國正式決裂。[2]」

二次世界大戰結束後，日本宣佈放棄對台澎的主權。隨即由中華民國國民政府接收台灣、澎湖。緊接著國共內戰，國民政府撤退至台澎金馬，以為復興基地。到李登輝總統宣布終止動員戡亂時期，承認中華人民共和國，同時宣示中華民國主權限於自由地區──台、澎、金、馬後，不管是以台灣或中華民國為名義，均無法得到世界上絕大多數國家，「形式上」肯認台灣或中華民國為一個國家。但在審識台灣具足主權、人民、領土、政府之要件後，不論是激烈的台獨主張，或是中華民國在台灣的說法，現今台澎金馬地區，無疑已經實質地為一個國家。弔詭的是，全世界的主要國家，一方面不願承認台灣或中華民國為一個國家，而與之有官方關係，一方面卻以非官方包裝，實質與台灣進行各方面的密切交往。

在上述的國際現實下，前總統李登輝在一九九九年七月九日提出了特殊國與國關係之「兩國論」。陳水扁總統則在二○○二年八月三日提出「一邊一國論」。從主權的立場來看，均係致力於表彰台灣的國家定位，意在爭取國際生存空間。現實上，則衝擊了美、中、台間的脆弱又穩定的三角關係。觀之「兩國論」與「一邊一國論」的提出，好比是石頭投入台海，水面上「激」起若干不平靜的水花。美、中、台三方牽扯出的反應，恰似「盪」出的漣漪。從激起水花

---

[2]　林霨（Dr. Arthur Waldron），〈回歸基本面：兩岸關係的美國觀點〉，收於《台灣有沒有明天？台海危機美中台關係揭密》（原書名：Crisis in the Taiwan Strait），李潔明（James R. Lilley）、唐思（Chuck Downs）合編，頁 368，台北，先覺，1999 年 2 月。

到盪出一層層的漣漪看，並非驚濤駭浪，並且終歸平歇。兩次事件歷程，可以「激與盪」表達此一意象。

美、中是目前影響台海和平及台灣未來最重要的兩個國家，同時彼此反應也互為因果。在現實上，美國是目前世界上超級強國。美國以台灣關係法為據，對台海和平干預甚深。在一九九五、九六年的台海危機中，美國派出兩個航空母艦戰鬥群，展現防衛台海的決心，使北京知難而退。因此，美國對台海確實有決定性的影響力，其對台灣所持態度，就特別值得我們注意。在北京方面，「兩國論」時，除了一方面有「文攻武嚇」的大動作外，也觀望美方的反應，綜合了種種利弊，適時在台灣發生九二一大地震時，終止「武嚇」的緊張對峙；對「一邊一國論」的反應上，一開始已經不如「兩國論」的激烈，且有依循美國反應而反應的跡象。這一點，從北京自李登輝總統訪問康乃爾事件後，意識到美國才是「解決台灣問題」的關鍵，而將對台政策調整為著力於美方[3]，可得印證。

從另一個角度看，今天的台灣海峽，承現美、中兩強相競逐的局面。台灣本身雖小，但其擁有可觀的實力，所以用最小的邊，硬是撐起不對稱的三角形。既然是三角形，美、中、台關係，就不能一刀劃下而為兩造，應是華府與北京、北京與台北、台北與華府態勢，並且在各自的關係中，彼此又互相牽制、影響。但其不對稱，美、中兩強未必對台有所傾斜。畢竟台灣是最小的一邊。

理論上，三角形兩邊和永遠大於第三邊。但是如果第三邊太小，以致失去影響力，就會被淘汰出局。台灣方面提出「兩國論」、「一邊一國論」，應有彰顯台灣影響力的作用。美、中、台三方對「兩國

---

[3]　蘇起，《危險邊緣：從兩國論到一邊一國》，頁 52-53，台北，天下遠見，2003年 12 月一版。

論」、「一邊一國論」的反應程度，則足以顯現三方「關係」的實際，並突顯出台灣重要的程度在哪裡。所以「兩國論」、「一邊一國論」的提出，對美、中、台三方來說，絕對是重大事件。因其重大，方足以用這兩個例子，來透析三方關係的真正現狀，以及演變。從而，在任何一方都必需同時兼顧其餘兩方的反應，不能只專顧其一下，可以用此來檢視三方關係，以及由兩次反應的不同，察其三方彼此擺盪，而有供國家政策參考之價值。

承上所述，台灣的國際地位特殊，自有其無法迴避的歷史背景。但領導人的決策作為，可能會更深沉台灣所背負的重擔，也可能讓台灣可以在國際上安身立命。因此，本文認為應詳加探討，在美、中方對「兩國論」、「一邊一國論」反應下，台北如何做出危機處理，並有加以比較的必要。

最後，筆者強調，由於「兩國論」、「一邊一國論」的問題錯綜複雜，牽涉層面頗廣，而筆者資質、能力有限，謹著力於「兩國論」、「一邊一國論」提出之背景、內容，及台北的因應美、中反應歷程，將重點放在比較台北的危機處理。

第二節　文獻探討

本文研究主題──比較台北對「兩國論」、「一邊一國論」之危機處理，在目前文獻尚未提及。

關於危機處理的理論，朱延智先生《危機處理的理論與實務》一書中整理了二十三種危機處理的理論，並且歸納出四大面向：掌握全局、透視危機、多層次處理危機、料敵機先。從書中可發現，通說所共認，最好的危機處理，是預防危機，然後才是控制與處理

危機。但歷史上有太多的事件，透過個案的分析研究，到全方位的掌握了解，各種理論以不同角度切入，也相互為用，各有不菲貢獻。其中，「危機生命週期理論」最能檢討過去的危機案例。所謂「危機生命週期」，指的是危機因子出現到被處理「結束」的過程，有五個顯著階段，即（一）危機醞釀期：當高危險因子的出現，是危機醞釀、成長的開始；（二）危機爆發期：由各大媒體以頭版、頭條的新聞方式處理，顯現危機爆發；（三）危機處理期：最有效的危機處理，是在醞釀期即開始積極處理，如果是懸崖邊緣式危機處理，甚至僅是災難善後或降低災難的處理，則屬於善後工作。（四）危機擴散期：危機會如病菌一般，會向外蔓延擴散；（五）危機後遺症期：此時危機表面上已經結束，但仍存有高危險因子，只是程度沒有像危機爆發期那麼高，危險性沒有那麼嚴重，反而最容易被忽略。

　　本文將嘗試利用「危機生命週期理論」，來探討「兩國論」、「一邊一國論」兩次事件所引起的危機處理歷程。蓋一方面該兩次事件是已經過去的危機案例，另一方面其處理過程，均有一定週期性。依此檢視兩次歷史經驗，盼能為日後預防危機的參考。

　　至於本文文獻資料來源，以「兩國論」、「一邊一國論」提出後，三個月內報紙報導為主要參考之一。其次，參考坊間同時論述「兩國論」、「一邊一國論」的著述，及分別探討者。再加上與本文主題有關之美、中、台三邊關係著作。茲分以下五項，分別析述之：

一、報紙部份

　　「對同一則新聞，不同媒體，各取所需的，以不同的標題來報導」[4]。因此，本文必需收集各家不同報紙，以避免偏執。

　　其次，台灣媒體片面性非常嚴重。舉例來說，「一邊一國論」提出後，8 月 26 日美國副國務卿阿米塔吉，在北京與胡錦濤等人晤談。關於阿米塔吉談話，中國時報大標題「美國堅持一中原則，不支持台獨」[5]。聯合報則是「美不支持、不反對台獨」[6]。自由時報：「美既不支持也不反對台獨」[7]。因此，依賴單一媒體必受侷限[8]。本文即參考 1999 年 7 月 9 日至 10 月 9 日，各家媒體共 890 筆，關於「兩國論」之報導；及 2002 年 8 月 3 日至 11 月 3 日，共 337 筆，關於「一邊一國論」之媒體報導。

二、文攻集彙

　　國務院台灣事務辦公室新聞局在「兩國論」、「一邊一國論」提出後，分別彙編了《「兩國論」批判（一）（二）（三）》三冊七十四篇（如附錄四），及《陳水扁「一邊一國論」批判》一冊六十九篇（如附錄五）。網羅了中央官方對「兩國論」、「一邊一國論」所發表的談話、《人民日報》、新華社、《解放軍報》評論員評論，以及其他批判

4　林中斌，〈讀一份台灣報紙夠嗎？〉，收於《以智取勝》，頁 437，台北，國防部史政編譯室，2004 年 8 月。

5　〈美國堅持一中原則，不支持台獨〉，*中國時報*，2002 年 8 月 27 日，11 版。

6　〈美不支持、不反對台獨〉，*聯合報*，2002 年 8 月 27 日，4 版。

7　〈美既不支持也不反對台獨〉，*自由時報*，2002 年 8 月 27 日，1 版。

8　林中斌，〈讀一份台灣報紙夠嗎？〉。

文章。內容對「兩國論」、「一邊一國論」大加撻伐，可謂大陸方面
「文攻」的總集。

　　大陸文攻，不外乎以「一個中國」，結合民族大義，痛斥李登輝、
陳水扁「個人的」的台獨分裂言行。把矛頭指向李、陳單獨個人，
統戰分化意圖，甚為明顯。目的在塑造了李、陳「獨夫」形象，「寄
望於台灣人民」，使「台獨」沒有言論市場。

　　以《人民日報》為例，蔡成聖先生的《從人民日報對台報導之
變化檢視中共對台政策──以兩國論與一邊一國為例》（淡江大學大
陸研究所碩士論文）論文中，則提到了：中共對台政策並非一成不
變，必然會有所調整，但也不是可任意變動，其是經過相當嚴謹的
一個過程才形成決策的，不容易有所謂的『即興演出』。論文的結論
是：（一）人民日報對台報導與對台政策之間有著不可忽略的關連性
與互動性。（二）中共對台工作組織以對台工作領導小組為主，其他
如國台辦與海協會等單位則因不同的時空背景影響下，其地位有所
不同。（三）中共對台政策的主軸系以一個中國為原則，且內涵漸趨
彈性，而經濟與兩岸交流方面僅為其反獨促統之附加手段。（四）在
個案方面，中共對於「兩國論」的重視程度要大於「一邊一國」，在
文攻的強烈程度上亦是如此。由此看出，北京於堅持「一個中國」
戰略下，仍使出靈活的對台戰術[9]。惟其即便戰術靈活，在「一個中
國」框架裡，仍未能妥善處理他的「台灣問題」。

　　基本上，李登輝、陳水扁總統，均是台灣人民，透過民主機制，
用選票選舉產生。李、陳言行，自然足堪代表台灣民眾。而大陸方

[9]　參見林中斌，〈Tactical Adjustment and Strategic Persistence（北京對台政策戰術靈活和戰略堅持）〉，《國家發展研究》第二卷第一期，台灣大學國家發展研究所，2002 年 12 月。

面也自知,「台灣問題之所以特別複雜和難以解決,主要原因就在於其中摻雜著重大的國際因素。」[10]換言之,台灣問題就是國際問題。因此,即使大陸在戰略堅持下,「文攻」目標鮮明,手段彈性且靈活。但其只以自身想法,以內國的思惟,站在自國立場,強加於台灣所有人民,或使國際社會接受,未必可竟其功。沒有站在台灣,及國際社會角度,是「文攻」內容的主要立論。

三、專書論述

就同時論及「兩國論」、「一邊一國論」的專書,有蘇起教授之《危險邊緣──從兩國論到一邊一國》。蘇起教授在「兩國論」時期,擔任行政院大陸委員會主任委員。對於兩國論的緣起、概要,及提出後危機處理,有深入的闡述。尤其是「兩國論」事件,更為其職責,而參與其中,關鍵細節均有詳細的交代。「一邊一國論」時期,蘇起教授因政權輪替,以在野學者身分,仍本其深厚的學經歷,洞悉台北、北京與華盛頓之間種種繁複的政治語言,有系統的論述「一邊一國論」來龍去脈。

蘇起教授書中,於台北危機處理及美、中、台三方反應,著墨不少,惟未比較反應之同、異。且書中較概化地,將「兩國論」、「一邊一國論」的提出,為李登輝、陳水扁遂行台獨意圖,且明列陳水扁提出前十條趨近台獨的脈絡,顯示陳總統青出於藍。以上誠非無據,但以陳總統「一邊一國論」來說,提出前是否均未努力?至少在兩岸經貿政策上,陳總統一改李登輝的「戒急用忍」,轉向「積極

10　林治波,〈日本──中國統一臺灣的另一個障礙〉,人民網,2004 年 7 月 21 日,http://www.people.com.cn/GB/guandian/1036/2653446.html。

　　開放、有效管理」，並推動落實「小三通」。茲臚列陳總統對北京的善意如下表一[11]。

　　該表一顯示，陳總統在就職二年內，不包括透過行政院的發言，親自向北京釋出善意者共有十次，平均兩個月餘就有一次。而在王銘義先生《對話與對抗—台灣與中國的政治較量》書中，指出了蘇起教授書裡遺漏的部份：「『諾魯斷交事件』讓陳水扁政府有意與北京和平共處，互利互惠的『軟的一手』沒有任何施展的機會，卻直接導致陳水扁執意走向尖銳對抗的『硬的一手』。由於扁政府相繼遭遇『大膽宣言』的挫敗，諾魯斷交事件的政治衝擊，陳水扁總統即選擇世台會年會的場合，刻意祭出『一邊一國』定位論，以報復北京當局的外交打壓[12]。」王銘義先生似乎較公允地，認為「兩岸之間的相互猜忌與觀望，往往就成為裂解兩岸和平交流的致命要害[13]。」

　　王銘義先生書中關於「兩國論」、「一邊一國論」論述，補充了蘇起教授一書部份內容。而王銘義先生書中提到，為處理提出「一邊一國論」後的危機，於二○○二年八月四日下午，在總統官邸召開會議。王銘義先生特別點出，會議中，出席的府院黨決策首長，陸委會「主委蔡英文並未出席」[14]。但據出席該次會議，當時任陸委會第一副主委兼發言人陳明通教授，曾告訴筆者，「蔡英文主委有出席該次會議」[15]。陳教授與王銘義先生的敘述，明顯有所差異。

---

[11]　行政院大陸委員會，http://www.mac.gov.tw/big5/mlpolicy/cschrono/sc2.htm，2004 年 1 月 5 日。

[12]　王銘義，《對話與對抗》，頁 130，台北，天下遠見，2005 年 1 月一版。

[13]　《對話與對抗》，頁 128。

[14]　《對話與對抗》，頁 119。

[15]　訪談陳教授，2005 年 5 月 9 日晚上，在國家文官培訓所中部園區（在南投中興新村）。

表一：陳總統對北京的善意

（2000 年 5 月 20 日至 2002 年 5 月 19 日，共 10 次）

時間	場合	內容
2000.5.20	第十屆中華民國總統、副總統就職典禮。	就兩岸關係提出「四不一沒有」的主張。
2000.7.31	就職後第一次記者會。	兩岸應該擱置爭議，找出彼此能接受的共識，從「無共識的共識」到「有共識的共識」，兩岸不應再有猜疑，從哪裡中斷，就應從哪裡連接起來。
2000.9.2	跨黨派小組召開首次會議，應邀致詞。	再度表達他期盼兩岸領導人共同開創新局的立場。
2000.10.10	國慶致詞。	政府將秉持最大的誠意和耐心，追求兩岸「善意的和解、積極的合作與永久的和平」。他呼籲兩岸領導人回到「九二年的精神」，擱置彼此爭議，儘速恢復對話和交流。
2001.5.27	於「合作共榮，睦誼之旅」在瓜地馬拉與隨行記者茶敘。	提出兩岸「新五不政策」：一、軍售、過境美國不是對中共的挑釁；二、中華民國不會錯估、誤判兩岸情勢；三、臺灣不是任何一個國家的棋子；四、政府從來沒有放棄改善兩岸關係的誠意與努力；五、兩岸關係不是零和關係。
2001.10.10	國慶致詞。	希望對岸的領導人能夠體會當前臺灣主流民意所在，儘速恢復兩岸對話的機制，開啓協商的大門，為兩岸人民新世紀的未來創造無限可能的契機。
2001.11.7	行政院院會。	院會通過大陸投資「積極開放、有效管理」政策，取消大陸投資個案 5,000 萬美元上限，建立新的審查機制。
2002.1.1	元旦祝詞。	強調，只要放棄武力的威脅，尊重人民自由意志的選擇，兩岸之間可以由文化、經貿的統合開始著手，進而尋求永久和平、政治統合的新架構。
2002.5.9	在大膽島。	第一，兩岸關係的正常化是臺海永久和平的基礎，兩岸關係的正常化必須從經貿關係正常化開始做起。第二，兩岸必須重啓協商大門，方能減少誤會及誤判，復談的第一步就是先行互訪。第三，兩岸「三通」是必走的一條路，而「小三通」是「大三通」的第一步。
2002.5.19	接受德國明鏡周刊專訪。	希望兩岸間保持現狀，因此在其任期內不會宣布獨立，也不會更改國名及舉行公民投票；祇要兩岸能摒除政治因素，專注於經濟利益，三通的問題馬上就可以解決。

筆者製表（2004/01/05）

　　本文希望做到，客觀、真實的論述本研究主題，也給人有客觀真實的感覺。一方面，將盡力蒐羅，「兩國論」、「一邊一國論」提出前、後的各部細節。另一方面，本文也講究比較，對相同事物的不同敘述，冀能趨近於真實。又本文於 2006 年 12 月做碩士畢業論文提出，不僅與兩次事件相距多年，且恰恰在上次大選兩年之後，離下次大選也尚有相當的時間，相較蘇教授書的出版時間，比較不會給人政治上聯想的缺點。

四、美方觀點

　　「兩國論」、「一邊一國論」，顯然都沒能得到美國的支持。前美國在台協會理事主席卜睿哲，在 *Untying the Knot: Making peace in the Taiwan Strait* 一書，其中一章 Decisionmaking Systems 特別強調，從前總統李登輝到現任總統陳水扁，台灣於處理有爭議的重大議題時，決策欠缺體系，趨於個人化；部會之間，欠缺平行的協調；事先未與美方磋商告知，破壞美台互信，惡化了台灣的處境。並以「兩國論」、「一邊一國論」為例，說明上述狀況。[16]

　　卜睿哲從一九九七年，到二〇〇二年七月「一邊一國論」前，擔任美國在台協會理事主席，熟稔台海兩岸事務。他親身經歷了「兩國論」的風暴，直至「一邊一國論」提出前，與陳水扁政府的交往實作。卜睿哲的看法，自然有相當的權威性，及代表性。我們似乎應該重視這樣的看法。其所謂欠缺決策體系與平行協調的批評，或許是我國自威權體制以來，不良的內部現象。在領導人決策之前，理應聽取各種不同的專業意見。透過討論，彼此質疑缺失，再就缺

---

[16] Richard C. Bush, *Untying the Knot: Making Peace in the Taiwan Strait* (Washington D.C.: Brookings Institution, 2005), pp.217-224.

失檢討，提出改進及補救方案。各部門已了解後，也大致了解領導人的概念。一旦作出決策，各部門執行會較有效率，即使有不利，也已經有了腹案，使損害降到最低程度。而「有平行協調，可加強各部會的總體戰力（1+1>2）。無平行協調，會減損總體戰力（1+1<2）。這是國家先進與落後的分野。[17]」

又台灣問題是國際問題，同時也適用於台灣。以台灣內部的的立場，透過民主化的過程，不曾被中華人民共和國統治的歷史事實，加上學理依據，「主權國家所須具備的條件，我們都已齊備」[18]，吾人均深表贊同。但國際上絕大多數國家，不承認台灣為一個國家；中共持續打壓，使台灣國際生存空間日益萎縮，也是一個事實。或許台灣的阻力，最大者在國際問題，而非內部問題。在本身實力，不足以抵抗外力下，我們更需要國際——尤其是美國——的力量幫助。因此，我們也不能只以自身想法，以內國的思惟，只站在自國的立場。也許，在處理容易引起爭議的重大議題時，若能以明示或暗示的各種方法，事前告知美國，在與美方維持互信的長遠利益上，應該較能獲得確保。

五、從以上文獻探討，得知目前，尚無以比較台北危機處理「兩國論」、「一邊一國論」為研討主題者。惟分別報導、討論、研討「兩國論」、「一邊一國論」的文獻，仍屬豐富。本文即以之為研究素材，盼能解決本文的問題意識。

---

[17]　林中斌，〈平行協調〉，**中國時報**，2005 年 3 月 15 日 A4 版。

[18]　李登輝，〈我為何提出「特殊的國與國關係」〉，收於李登輝、中嶋嶺雄合著，《亞洲的智略》，頁 40，台北，遠流，2000 年 11 月初版一刷。

第三節　研究方法

　　本論文題目是論述台北對「兩國論」、「一邊一國論」危機處理之比較，本質上涉及國際關係的演變，且亦有相當濃厚的實務運作傾向。本文主要乃藉由蒐集有關「兩國論」、「一邊一國論」論述之文書資料內容分析，輔以國內、外相關文獻，以社會科學研究之歷史研究法、比較研究法等方式，探究當時三方關係景況，進而尋求台灣生存之道。

一、文獻探討法（Literature Survey Method）

　　主要係透過蒐集中外相關資料文獻與專家學者發表過的專論，尤其涉及三方關係的學者觀點，進行研究與分析，找出現象，將有助於全盤觀念之釐清，以作為研究之參考。因此本文在撰寫之前，即就國內有關研究報告、期刊、論文、相關著作及官方資料等加以廣泛蒐集、研讀、整理，以建立本文的主軸與理論基礎。

二、歷史研究法（History Survey Method）

　　探究「兩國論」、「一邊一國論」發表前台灣的國際處境及歷史背景，加以剖析研討其近因，分析三方當局反應之歷史因素。

三、比較研究法（Comparative Research Method）

　　主要係透過蒐集到兩次資料，配合實際國際環境的變化，加以歸納、整理、分析、研判。透過多層次比較「兩國論」、「一邊一國論」及其危機處理，找出異同，且同中較異，異中較同，以及比較

相同點與相異點孰重，藉以說明並掌握危機爆發背後的因素，及決策者的特質。

第四節　章節流程

本文研究途徑，以下表二做章節流程的表達，同時也做為本文八個章的安排，敘述如下：

本文之動機與目的：為了瞭解台灣爭取國家定位的艱困，筆者以台北提出「兩國論」、「一邊一國論」為例，其等激起「台」、「美」、「中」三方關係危機後，比較台北之處理作為，藉此突顯台灣的困境，並從中獲取經驗，期能為找出適切的方法、途徑的參考。同時結合文獻探討、研究方法，及邏輯架構與研究限制，做為緒論。此部分，做為本文第一章。

首先，論述「兩國論」提出及其背景：從李前總統謀劃「強化台灣主權」，看台灣的主權困境；透過組織規劃、研究，李前總統個人認為時機成熟時，如何將憲法學者的「特殊國與國的關係」，宣示為富有政治意涵的「兩國論」。此部分，為本文第二章。

其次，觀察台北如何因應美、中反應。即北京的文攻武赫，加上華府的壓力下，台北如何危機處理？尤其，台北一路修正，最後回到原點的過程，探究如何與北京、華府因果互動。此部分，安排為本文第三章。

再次，論述「一邊一國論」提出及其背景：陳水扁總統就任前相關談話，並就職後對大陸曾有的善意，及北京的態度。在未獲北京正面、積極回應下，轉折性的如何提出「一邊一國論」，並探究其意涵。此部分，係本文第四章。

　　然後，觀察台北如何因應美、中反應。即台北的主動說明與積極赴美，華府的壓力，及北京的文攻策略。就此，本文特就與「兩國論」不同的危機處理，加以整理，做為後面章節比較的根據。此部分，為本文第五章。

　　結論之前，先比較兩次危機處理之異同及其原因。又在相同與相異間，本文也做出輕重之比較，及台灣處境的走勢。此部分，同時也是本文第六章。

　　最後，基於研究的限制，本文謹整理以下未能確定之爭議點有三。再就以下面向做成結論：「兩國論」、「一邊一國論」、兩次危機之比較及台灣主權環境四個方面。為本文第七章。

第五節　研究限制

　　本論文資料來源，為公開出版的文獻為主。換言之，除了報紙報導、部分當事人著作的「第一手資料」外，即是「第二手資料」，這是本文的限制。因此，在未取得美、中、台三方決策者直接的資料來源下，儘量利用目前資訊之發達，交相比對彼此的言論後，冀能探求出危機處理真正內容。

表二：章節流程

壹、動機目的：　　　　　為了瞭解台灣爭取國家定位的環境，
　　　　　　　　　　　　　　我們以：

> ■台北提出「兩國論」、「一邊一國論」為例。比較
> 台北處理對「美」、「中」關係之危機。並從中獲
> 取經驗，做為將來政策的參考。

貳、提出「兩國論」：　　　首先，有必要了解「兩國論」提出及
　　　　　　　　　　　　　　其背景：

> ■台灣的主權環境；
> ■李前總統謀劃「強化台灣主權」；
> ■提出「兩國論」及其意涵。

參、應變「兩國論」：　　　其次，觀察台北因應美、中反應：

> ■北京的文攻武赫；
> ■華府的反應；
> ■台北的危機處理。

肆、提出「一邊一國論」：　再次，了解「一邊一國論」提出及其
　　　　　　　　　　　　　　背景：

> ■「一邊一國論」之先聲；
> ■陳水扁總統就職後的善意及北京的回應，
> ■提出「一邊一國論」及其意涵。

伍、應變「一邊一國論」：　然後，觀察台北因應美、中反應：

> ■台北的主動說明與積極赴美；
> ■華府的壓力；
> ■北京的文攻策略。

陸、危機處理比較：　　　並且，比較兩次危機處理：

> ■相同之點；
> ■相異之處；
> ■並比較相同與相異孰重。

柒、結論：　　　　　　　最後，總括以上，就以下面向作成結論：

> ■「兩國論」；
> ■「一邊一國論」；
> ■兩次危機之比較；
> ■台灣主權環境；
> ■待釐清爭點。

第二章 「兩國論」的提出

　　「兩國論」可謂當時法政學者的集體創作，從規劃到完成報告之原意，以致李前總統的提出，其中轉折析述如下。

第一節　深謀策劃

　　解決中華民國主權的危機，是李前總統策劃「兩國論」的動機，「特殊國與國關係」一詞，透過此一機會，竟撼動台海。

一、主權危機

　　「兩國論」是經過李登輝前總統的深謀策劃，動機是：「台灣國家定位遲遲未在國際間獲得公平的看待，是李登輝主政十二年間始終感到無力與焦慮的難題，任期愈接近尾聲，心中的緊迫感愈強烈。一九九八年，當剩餘的任期只剩一半之際，與李登輝親近的不少黨政要員，都會經常聽聞李登輝對台灣的存在與國家主體性抱持關注[1]。」

　　在一九九一年五月一日，政府宣告終止動員戡亂時期[2]，一方面承認中華人民共和國是一合法政府，另一方面也把中華民國主權，現實的只及於台、澎、金、馬。務實地表達現狀的結果，一方面使活絡的兩岸經貿往來，避免落入「資匪」的法律枷鎖，同時也模糊

---

[1]　鄒景雯，《李登輝執政告白實錄》，頁222，台北，印刻，2001年5月初版。
[2]　行政院大陸委員會，http://www.mac.gov.tw/big5/mlpolicy/cschrono/sc2.htm，
　　2006年11月30日。

了兩岸定位。就北京所主張之「一個中國」，台北反對，並主張兩岸互不隸屬。有一位權威學者曾告訴筆者，當時國安局殷宗文局長在國外一次領袖會談中，曾被警告，台灣的主權在逐漸流失中。這一點，李前總統也報怨，「中共持續在國際上打壓我們，否認中華民國是一個主權獨立的國家，這既不公平，也不符事實；中共以大國姿態壓縮我們的國際空間，台灣的國際人格將會逐漸喪失[3]。」這與日後李前總統在接見美國在臺協會臺北辦事處處長張戴佑時強調，「我們的大陸政策沒有改變，我們對兩岸交流、對話的立場與態度，仍然不變。」李前總統並強調，他全力保障的是中華民國的國家主權地位，並非「臺灣共和國」，這與「臺獨」是不同[4]的說法，相互吻合。

二、組織運作

一九九八年八月間，「強化中華民國主權國家地位」小組正式成立[5]。顧名思義，小組任務是在強化中華民國主權國家地位，進而在法理上證明，台灣不是中華人民共和國的一部分。因此，小組召集人是鑽研國際經濟法，並擁有英國博士頭銜的蔡英文博士，召集當時青壯法政學者參與，並由當時的國家安全會議諮詢委員張榮豐、陳必照先生及總統府林碧炤副秘書長擔任小組顧問[6]。

一九九九年二月間，蔡英文率領小組學者，向剛升任國家安全會議秘書長之殷宗文先生作第一次簡報。討論過程中，針對中華民

---

[3]　《李登輝執政告白實錄》，頁 222。

[4]　行政院大陸委員會，http://www.mac.gov.tw/big5/mlpolicy/cschrono/sc2.htm，2006 年 11 月 30 日。

[5]　《李登輝執政告白實錄》，頁 223。

[6]　《李登輝執政告白實錄》，頁 230。

國主權如何與中共的「一個中國」脫鉤的問題，殷宗文多次鼓勵這群國際法的學者除了注意法律見解，更要以務實的角度將現實因素並置討論，才不會流於一廂情願。經過密集的開會商討，研究報告終於在五月初步完成[7]。五月二十八日上午九時，「強化主權小組」在國安會會議室向殷宗文提出彙報，這項進程顯示本案的幕僚作業已告一段落，即將進入政府部門的政策執行階段。殷宗文聽取報告後，肯定研究成果，對小組提出的政策評估與修憲、修法的建議亦表贊同，當場作出政策性指示後，要求幕僚人員準備向李前總統進行彙報。六月間，即由國安會正式向李前總統提出完整的研究成果會報[8]。

相關政府部門部分，七月初，蔡英文與張榮豐共同向大陸委員會上任委員蘇起進行簡報，並由林碧炤向外交部長胡志強說明[9]。蘇起回憶，在時間點上，是六月底；且內容只有「兩國論的大陸政策部分，雖然簡報內容十分簡略，但它偏離當時既定立場的事實卻非常明顯。當時我完全不知道小組的存在及其背景，更不知道簡報內容其實只是小組結論 部分中的一部分。但僅僅這一小部分就已引起我的警覺，當下建議他們必須先邀集所有相關政府官員，最好利用一個週末拉到郊外僻靜之處，集思廣益，腦力激盪後再定稿上呈。當時我尚以為那只是蔡張等少數人的研究，心想它必然通不過多數官員的討論，必將被大幅修改後才有可能上呈。我的這個建議立即被蔡張兩人接受。回辦公室不久，即接獲通知說時間已定在我回國後的第一個週末（七月十七、十八日），地點選在大溪鴻禧山莊。[10]」

---

[7] 《李登輝執政告白實錄》，頁 223。
[8] 《對話與對抗》，頁 237。
[9] 《李登輝執政告白實錄》，頁 226。
[10] 《危險邊緣：從兩國論到一邊一國》，頁 79-80。

再根據筆者訪談另一位不願具名學者說法，則謂當時簡報內容，包括修憲、大陸政策、外交政策三部分，蘇起認為外交政策應與外交部長胡志強研商，聽取他的意見，因此才有鴻禧山莊之約。

「強化主權小組」研究報告[11]立論依據，係日後在李前總統接受德國媒體訪談時引用的一九九一年歷次修憲的演變。其內容包括大陸政策、修憲修法、外交政策三部分。落實的步驟，以修憲、修法、廢除國統綱領逐步前進。其中修憲部分尤其關鍵，據小組成員之一不願具名學者透露，整個步調係以修憲完成為前提，成就此一條件，才是接下因應可能引起台、美、中三邊衝突等危機評估與規劃，且其主觀上，該報告既無具體規劃因應危機措施，並不認為已經完成。

三、「特殊的國與國關係」原創理論

關於「特殊的國與國關係」一詞之由來，王銘義先生指出，「蔡英文領銜的專案小組，並沒提『特殊的國與國關係』的論述建議，洋洋灑灑數十萬言的研究報告，也找不到『特殊的國與國關係』八個字」，「『特殊的國與國關係』，最早出現在台大教授許宗力一篇評論修憲的論文（一九九二年）」，「李登輝對兩國論的詮釋，應係援引許宗力的論述而來的見解」[12]。另一個說法來自李前總統，謂「這份研究案在一開始的『前言』部分，即明確定位兩岸至少應

---

11 「強化主權小組」全部成員及研究報告到目前尚未解密、公開，而本文重點亦在於「兩國論」提出後對外來反應的危機處理，故就其內容部分不做詳述，其概要可參閱：鄒景雯，《李登輝執政告白實錄》，頁 225-226；蘇起，《危險邊緣：從兩國論到一邊一國》，頁 80-86；王銘義，《對話與對抗》，頁 237-239。

12 《對話與對抗》，頁 241。

為『特殊的國與國關係』，立論的依據則是一九九一年以來歷次修憲的演變。[13]」

據筆者訪談看過研究報告之受訪者得知，「特殊的國與國關係」確實出現在報告「前言」，但未闡述其內容；甚至暗示，它就是出自小組成員之一，當時的台大教授之許宗力先生的用詞。

根據筆者所獲取的資料，發現「特殊的國與國關係」在國內首次出現，應係於一九九五年底，許宗力教授在台灣法學會主辦之台灣法治一百年學術研討會中，發表〈兩岸關係法律定位百年來的演變與最新發展──台灣的角度出發〉[14]一文中，將兩岸自一九九一年來的發展，以「特殊的（sui gengris）國與國關係」來定位。即以憲法學的觀點，從歷次中華民國憲法增修條文內容為出發，歸納出：憲法「一來已承認原國土分裂分治的事實，二來承認對岸統治權的合法性，三來限縮憲法效力範圍只及於台灣，最後，所建構出的國家意思機關只代表台灣人民，連帶地使國家權力統治機構的合法性只來自台灣人民的授權，與中國大陸人民完全無關（這一點在一九九二年的憲改規定總統副總統由台灣人民選舉後，更獲得進一步的證實），綜此，謂現行憲法將兩岸關係定位在國與國，亦即兩個中國的關係，而非一合法政府、一叛亂團體，或一中央政府、一地方政府的一個中國的內部關係[15]，實是唯一可能的合理解釋。（在此必須特別說明的一點是，憲法固然將兩岸界定在國與國關係上，並不表

---

[13] 《李登輝執政告白實錄》，頁 223。

[14] 許宗力，〈兩岸關係法律定位百年來的演變與最新發展──台灣的角度出發〉，《月旦法學》，第 12 期，頁 39-47，1996 年 4 月 15 日。

[15] 這幾句話，日後出現在李前總統的談話，即行政院大陸委員會網站兩岸大事記 1999 年 7 月 9 日記事內容。

示中華民國政府已經對對岸的中華人民共和國給予正式外交承認。是否以及如何承認，是另一個問題。）」

「不過，兩岸間雖定位在國與國的關係上，這種國與國關係仍與一般國與國關係稍有不同，增修條文第十條（現為第十一條）就已透露此一訊息。因為如果大陸的中華人民共和國確實是一般的外國，也就是說，如大陸人民卻實是一般外國人，則處理兩岸人民往來衍生的法律問題，依一般涉及外國人的法規辦理即可，根本就無須授權立法者為特殊規定，而大費周章地去制定所謂『台灣地區與大陸地區人民關係條例』。但換另一個角度看，增修條文第十條的存在，卻也同時為大陸人民之非本國人民此一事實提供了佐證，因經由本條授權，立法者有權將大陸人民不與一般本國人民同視，甚至直接以與對待外國人沒有兩樣，乃至更為歧視的處理方式對待之。透露出類似訊息的還有增修條文在多處地方所使用『自由地地區』與『大陸地區』之用詞。這類名詞的選用益可見修憲者避免將對岸直接與外國同視的用心。綜上兩點，可知現行中華民國憲法其實是以一種近乎矛盾的心態來定位兩中關係，致兩岸雖可說是定位在國與國關係上，但是這種國與國關係充其量只能說是一種特殊的（sui gengris）國與國關係，尚不能與一般的國與國關係完全等視。像這種界定對方是一個國家，卻又與一般外國不完全相同的情形，確實是很特殊，甚至也可說是不通，不過在國際上卻亦非絕無僅有，不僅前西德對前東德的定位如此，英國對愛爾蘭共和國，或愛爾蘭共和國對英國的定位也都是如此，台灣這次對兩岸關係的重定位只是替這種特殊國與國關係的存在多添一個例證罷了。[16]」

---

[16] 《兩岸關係法律定百年來的演變與最新發展──台灣的角度出發》，頁41-42。

以上是許教授對其所創設「特殊的國與國關係」一詞，以台灣的憲改實際，從憲法學的觀點，就兩岸關係之中華民國國家定位所為之闡述。

又如此論述和「台獨」的有何區別？許教授的認為，「這種兩個中國模式的重定位與民進黨主張的台灣獨立，就結果言並沒有兩樣。因兩個中國與一中一台的定位模式，同樣都承認兩岸各自是一個主權獨立的國家，只是前者維持中華民國國號，後者則主張台灣共和國國號而已。而國號的不同並不影響國家的同一性，國家是否同一，識別標準在於主權、領土與人民該國家三要素，而不在於國號。何況國號又非不能以合法方式更改之。（錫蘭改名為斯利蘭卡，達合美改名為貝寧共和國，不曾影響其國家同一性，即是適例。另連戰院長在立法院對其行使同意權的質詢時，曾表示誰有權決定憲法內容者，就有權決定國名。）當然，兩中模式對兩岸關係的重定位還存有一些曖昧、不夠乾淨的地方，這也是本文稱之為『特殊的』國與國關係的原因所在。而民進黨心目中的一中一台，指的相信是一般的國與國關係。不過理論上言之，一中一台的定位模式仍非不能予對岸的中華人民共和國某些與其他外國有別的特殊待遇。[17]」

四、小結

「特殊國與國關係」一詞，原本是憲法學者長期研究的學術成果，先見之明地看出國家主權問題，並做為解決當時憲政問題的一種解釋。當主權問題逐漸浮現，「特殊國與國關係」不得不逐漸破繭而出。

---

[17] 《兩岸關係法律定百年來的演變與最新發展——台灣的角度出發》，頁42-43。

第二節　主動出擊

當各種壓力接踵而至，「兩國論」就再也藏不住、等不及。

一、提出「兩國論」

　　一九九九年七月九日，李前總統在總統府接受「德國之聲」總裁魏里希（Dieter Weirich）偕其亞洲部主任克納伯（Günter Knabe）及記者西蒙嫚索（Simone de Manso Cabral）的專訪時表示，中華民國自一九九一年修憲以來，已將兩岸關係定位在「國家與國家，至少是特殊的國與國關係」，而非一合法政府、一叛亂團體，或一中央政府、一地方政府的「一個中國」內部關係[18]。

　　對於專訪中第一個問題：「台灣的經濟成就為舉世所欽羨，另一項印象深刻的成就則是近年來台灣成功的民主化。然而北京政府卻視台灣為『叛離的一省』，這也正是兩案岸關係長期緊張以及中共對台造成嚴重威脅的主因。您如何因應這項危機。」李前總統回答的全文是：「我要就歷史及法律兩方面來答覆。中共當局不顧兩岸分權、分治的事實，持續對我們進行武力恫嚇，的確是兩岸關係無法獲得根本改善的主要原因。歷史的事實是，一九四九年中共成立以後，從未統治過中華民國所轄台、澎、金、馬。我國並在一九九一年的修憲，增修條文第十條（現在為第十一條）將憲法的地域效力限縮在台灣，並承認中華人民共和國在大陸統治權的合法性；增修條文第一、四條明定立法院與國民大會民意機關成員僅從台灣人民中選出，一九九二年的憲改更進一步於增修條文第二條規定總統、

---

[18] 行政院大陸委員會，http://www.mac.gov.tw/big5/mlpolicy/cschrono/sc2.htm，2006 年 11 月 30 日。

副統統由台灣人民直接選舉，使所建構出來的國家機關只代表台灣人民，國家權力統治的正當性也只來自台灣人民的授權，與中國大陸人民完全無關。一九九一年修憲以來，已將兩岸關係定位在國家與國家，至少是特殊的國與國的關係，而非一合法政府，一叛亂團體，或一中央政府，一地方政府的『一個中國』的內部關係。所以，您提到北京政府將台灣視為叛亂的一省，這完全昧於歷史與法律上的事實。……」當記者問到宣布台灣獨立似乎並非實際可行時，李前總統回答：「中華民國一九一二年建立以來，一直都是主權獨立的國家，又在一九九一年修憲後，兩岸關係定位在特殊的國與國的關係，所以並沒有再宣布台灣獨立的必要。[19]」

從以上李前總統對特殊的國與國的關係的闡述，其法律面，顯然來自前揭許宗力大法官的論述。換句話說，學者的法律學術見解，獲得國家元首接受、援引，且透過元首在政治上做出宣示，付諸行動。惟法律之所應然，仍不得不受現實環境所限制，因此，有日後退回原點的舉動，容後詳述。

二、提出「兩國論」時機

李前總統何以在當時提出「兩國論」？時機是否恰當？

七月九日凌晨零點多，李前總統以電話告知秘書，他決定把「特殊國與國關係」放進答覆德國之聲訪談文稿中；上午九點多總統府秘書長黃昆輝、國民黨秘書長章孝嚴獲通知，黃昆輝詳閱文稿後，臨時通知林碧炤、張榮豐開會，林、張認為正式提出時候尚未到，應該另尋更有利的發表時機，主張維持新聞局的原稿，建議把李登

---

[19] 行政院大陸委員會，《李總統登輝特殊國與國關係中華民國政策說明文件》，1999 年 8 月，頁 1-3。

輝改寫的內整段刪除。幕僚們認為,特殊兩國論較好的時機一是汪道涵十月來訪時提出,讓中國正面接招;一是九月國大完成修憲後,宣揚政策。不過,他們的念頭沒多久即被制止,總統辦公室前來向黃崑輝要回了原稿,李前總統認為「陳述一個歷史的事實,沒有什麼了不起,計算過於精密,反而成就不了大事」。上午十一時許,李前總統依照原定計劃提出「兩國論」[20]。可見,當時「強化主權小組」成員也是李前總統的核心幕僚,並不贊成提出「兩國論」。再依一位不具名受訪者表示,當時確實反對提出,但未有論及提出時機,因為先後順序上,仍以完成修憲為前提,應等修憲完成再說。是「兩國論」的提出,係屬李前總統乾綱獨斷之作,其理由為何?

　　七月二十七日晚間,李前總統在台北賓館宴請二十三縣市的正副議長時,公開做出解釋:多年來兩岸關係的定位過於模糊,時間一久,對我們愈不利,也因此阻礙了中華民國的發展空間。在這個適當的時機提出特殊國與國關係,這在國際法是史無前例的,「若按照內戰法則,戰敗國在戰後是被消滅了,特殊兩國論則讓中華民國復生。」八月初,在與章孝嚴、邱正雄、王又曾多位黨政與企業人士球敘時,又解釋道:汪道涵預定九月間來訪,中共十月一日要擴大慶祝建政五十年國慶,「一個中國、一國兩制」勢必成為國際宣傳的重點,台灣必須預為因應,「因此我搶在前面」,申明兩岸的現時實是特殊國與國關係。並強調,美國本來從未說過「一個中國」,是江澤民訪問美國後,強力向美國推銷「一個中國」原則,陷台灣為於「叛離的一省」地位,他必須站出來駁斥;同時為了讓兩岸政治

20　《李登輝執政告白實錄》,頁 228-229。

對話在平等基礎上展開，避免彼大我小，彼中央、我地方，他必須拿出道德勇氣，說出事實[21]。

論者有謂：李登輝之所以在中國大陸海協會會長汪道涵訪台前，提出兩國論，主要是因國際及中國大陸促使台灣進行政治性談判的壓力越來越大，但中國在談判前，就將「一個中國」的帽子扣上，視台灣為其一省，這些架構下的政治談判，等於要台灣投降；另李登輝對於副總統連戰周遭負責大陸事務的智囊群一直有意見，他自己的大陸決策幕僚也都將隨其共進退，頗有與連戰「道不同不相為謀」之意，此二因素，應是促成李登輝急於宣布兩國論的原因[22]。又：「特殊國與國關係論」，係為突破務實外交困境與爭取未來與中國大陸對等政治談判之有利籌碼等兩大戰略因素考量。因為台灣務實外交政策的開展，中國大陸祭出「一個中國」原則遂行外交圍堵，兩岸外交競逐加劇，然而中國大陸挾「大國外交」優勢，一面與周遭美國建構「戰略夥伴關係」，一面卻也包抄壓縮台灣的國際政治空間，台灣務實外交遭遇嚴峻之挑戰與困局。另李登輝研判，若汪道涵會長於民國八十八年順利來訪，兩岸進入政治性談判或其程序性商談之步伐將加速，為爭取兩岸政治性談判前先行自我明確「對等」定位之先機，台灣重提二次戰後「德國經驗」，希望能在理論上強化「分裂國家模式」適用於兩岸關係之說服力，從而爭取中國接受「雙重承認」與「平行參與」，俾能發揮對等相待、良性互動與邁向統一之作用。整體來說，李登輝總統當時提出兩國論，其目的是為跳出過去「一個中國」的迷障，以及糾正過去隨此一錯誤觀

---

[21] 《李登輝執政告白實錄》，頁 236-238。
[22] 劉國基編《兩國論全面觀察》，海峽學術，台北，頁 207-208，1999 年 12 月。

念所提出的「一個中國各自表述」或「一個中國，兩個政治實體」的論點[23]。基本上，呼應了李前總統的說法。

　　但也有認為，「這些勉強的含混說詞，只是李登輝與其幕僚，為其決策誤判卸責，刻意施放的政治煙幕而已。事實上，『一國兩制』的談判內涵是否出現調整，並不是汪道涵訪台訴求的重點，江澤民在國際場合宣布要完成『國家的完全統一』，應是北京半個世紀以來的政治陽謀，算不上是什麼政治陰謀，」「從合理的發展跡象研判，一九九八年十月辜振甫在訪問上海、北京期間，李登輝對辜振甫邀請汪道涵訪台的態度是積極的，但在江澤民支持汪道涵回訪後，李登輝與其核心幕僚的態度，轉而變的保留，甚至可以說，核心幕僚開始擔心汪道涵如正式應邀訪台，開啟政治談判，對兩岸談判進程可能會造成推進作用，甚至在國際社會形成『兩岸談判和平統一』的宣傳印象，這對台灣維繫國家政權的主體性是不利的。因此，李登輝勢必要預設捍衛政治談判的『門檻』，有效制約兩岸談判進程，兩國論就是在這種多重複雜考量情勢下的特殊產物。」「在此期間，中國自一九九九年春天以來，即面臨多事之秋，先是四月二十五日，數萬名法輪功信徒無預警地包圍中南海；後有五月八日，以美國為首的北約聯軍轟炸中國駐南斯拉夫大使館，李登輝的核心幕僚即研判，中美關係突然交惡，對台灣應是『天賜良機』，尤其，江澤民並未展現強硬的應變態度，這個時機對李登輝推出兩國論猶如神助，中南海也有人認為定『李登輝找到了江澤民的軟肋』，此時不拋，更待何時？[24]」

---

[23]　陳鴻瑜，〈在「一個中國」與「兩國關係」之間：特殊的國與國關係〉，《政策月刊》，第 50 期，頁 4，1999 年 9 月。

[24]　《對話與對抗》，頁 250-251。

三、小結

　　姑不論李前總統的理由，是否出於真意或正當，「強化主權小組」及其成員，認為時機未到，應是事實。此項個人化的決策模式，讓團體思考功虧一簣。更有甚者，就是因為缺乏幕僚事先評估、規劃等作業，當危機降臨時，處理的幕僚精英們，吃力、難堪情事，就可想而知了。

第三章　「兩國論」的應變

「兩國論」之所以「石破天驚」[1]，乃至到了「危險邊緣」[2]，因北京、華府的反應劇烈，也就是「我們的敵人與朋友都生氣了」[3]。台北則依循北京、華府的反應做出危機處理，茲詳述如下：

第一節　北京的憤怒

北京對「兩國論」的反應，是繼一九九五、九六年飛彈危機後，又一次「文攻武嚇」的策略運作。

一、初期反應

七月十日，中共當天並無過激反應。

七月十一日，中共新華社、中新社和中央電視台相繼報導，中共中央台灣工作辦公室、國務院台灣事務辦公室發言人發表談話，「嚴正警告台獨分裂勢力，立即懸崖勒馬，放棄玩火行動，停止一切分裂活動」，批評李登輝總統與台獨分裂勢力主張沆瀣一氣，在分裂祖國的道路上越走越遠，同時也表態要繼續全面發展兩岸關係，推動兩岸和平統一進程[4]。

---

[1]　《李登輝執政告白實錄》之用語。
[2]　《危險邊緣：從兩國論到一邊一國》用語。
[3]　《危險邊緣：從兩國論到一邊一國》用語。
[4]　參閱**文匯報**，1999 年 7 月 12 日，A4 版。

　　七月十二日，大陸海協會會長汪道涵透過《人民日報》表示，「對台灣媒體報導的辜振甫先生關於兩岸會談是『國與國會談』的說法感到驚訝，因為這種說法使海協、海基兩會的接觸、交流、對話的基礎不復存在。他希望辜振甫先生予以澄清。[5]」在香港出席「中國統一研討會」的副會長唐樹備，自十一日起接連兩天駁斥兩國論，評擊國與國關係是對「一個中國」的粗暴破壞，點名「台灣當局領導人」、「海基會一些負責人士」，應該立即停止此一活動[6]。外交部發言人朱邦造也在《人民日報》點名批李，「正告台灣當局必須停止一切分裂祖國活動」[7]。

　　七月十五日，中台辦、國台辦主任陳雲林，在「中國和平統一促進會」第六屆理事大會上，強烈抨擊「兩國論」。他說，李登輝不顧台灣同胞求和平、求安定、求發展，希望兩岸互補互利、交流合作的強烈願望，倒行逆施，嚴重破壞了兩岸關係，損害了兩岸同胞的根本利益，使海協、海基會在一個中國原則下接觸、交流、對話的基礎不復存在。現在香港已回歸祖國，澳門也即將回歸，台灣問題不能無限期拖延下去。[8]」

二、文攻

　　可以想見的，北京的反應，係黨、政、軍及媒體展開一連串的撻伐，大致圍繞在：中國兩台辦發言人所謂「拒絕統一、蓄意分裂，不得人心，注定失敗」；中共外交部發言人所謂「中國統一是大勢所

---

[5]　國務院台灣事務辦公室編，《「兩國論」批判（一）》，頁 15，北京，九洲，1999 年 8 月 1 版。

[6]　《「兩國論」批判（一）》，頁 16-19。

[7]　《「兩國論」批判（一）》，頁 11-12。

[8]　《「兩國論」批判（一）》，頁 13-14。

趨，李登輝必須懸崖勒馬」，新華社亦發表評論文章，評李登輝的分裂言論，尤其唐樹備強調「台灣當局應立即停止對兩岸關係的破壞」，汪道涵會長對辜振甫董事長有關兩岸會談是「國與國的會談」提法深表驚訝。中共自一九九九年七月十二日至九月十八日，六十九天時間，以各種形式，共發表七十四篇，茲整理如<u>附錄四</u>[9]。另柯林頓與江澤民通話後，柯林頓主動向中國宣示「一個中國」政策，北京利用華府對台北施壓，要求台北放棄兩國論，重返「一個中國」原則，也是文攻的一環。

此外，從大陸學者方面，也加入「文攻」行列[10]。其中，蘇格〈兩國論是分裂祖國的政治賭博〉刊於《人民日報》，1999 年 7 月 27 日。其認為李登輝主張「特殊的國與國的關係」，是圖謀分裂的必然結果，1999 年 5 月李登輝出版《台灣的主張》一書，公開主張將中國分成「七塊」，時隔不久，全盤托出「兩國論」的分裂底牌。孫升亮〈奉行一個中國原則的國際潮流不可阻擋〉刊於《人民日報》，1999 年 7 月 28 日[11]，李登輝的「兩國論」証實了他是破壞兩岸關係與台灣海峽局勢的「麻煩製造者」。李家泉在〈中共如何因應李登輝拋出的「兩國論」〉一文稱略以：李登輝拋出的「兩國論」的事實說明，以他為首的台灣一小夥政策利益集團已加速了邁向「台獨」之路的步伐。其下一步的目標，就是要以「兩國論」為指導來「修憲」。在某些外國反華勢力和干預勢力或明或暗的縱容和支持下所可能進行的冒險行動，必須有充分的警惕和應變準備。曉楊在〈堅定不移

---

[9] 來源：國務院台灣事務辦公室編，《「兩國論」批判（一）》、《「兩國論」批判（二）》、《兩國論」批判（三）》，北京，九洲，1999 年 8 月 1 版、8 月 1 版、9 月 1 版。

[10] 《兩國論全面觀察》，頁 94 以下。

[11] 《兩國論全面觀察》，頁 105。

地維護一個中國的原則〉一文中稱略以：今年七月，李登輝不惜孤
注一擲，公開表示台灣當局已將兩岸定位為「國家與國家，至少是
特殊的國與國」關係，從而徹底撕下了他先前所有的掩飾和偽裝，
直接將否定一個中國的圖謀暴露於天下。進一步認識到一個中國原
則對發展兩岸關係的重要性和必要性[12]。

三、武嚇

七月十三日，香港媒體就報導了：「來自北京的消息，甚至指出，
北京短期內可能進行比九六年更大規模的軍事演習，以表不滿」[13]。
顯然，中共是刻意透過香港媒體釋放諸如「成功八號」、「廣字二十
號」例行軍演消息，香港媒體更大量報導諸如數十名將領聯名上書
請戰[14]、中共潛艇潛伏於我港口外海、中共隨時準備攻下我某小島
等聳動消息[15]。

附錄四臚列之中國大陸媒體發表文章或政治談話，形式上是「文
攻」，內容則部分包含武嚇的成份。例如：認為台灣一旦獨立，即構
成中國國家安全嚴重的挑戰及分裂中國領土，在戰爭方法上，先對
台灣封鎖、導彈攻擊、爭取制空、全面登陸、中子彈也是一種選項，
另對台灣政經軍事的分析，認為兩國論導致台海局勢的不安，台灣
方面必須負責。還有分析美日對台海戰爭的反應，中國對外力介入
台海戰爭的反應，以及中國對台動武的時機，要之，中國政府認為
台灣在某些特定條件下，如宣布獨立、外國勢力介入台灣政局、台

12　《兩國論全面觀察》，頁 109－141。
13　〈台執行兩國論，北京震怒〉，**明報**，1999 年 7 月 13 日，A2 版。
14　〈傳數十位中共將領請戰〉，**中國時報**，1999 年 7 月 18 日，14 版。
15　《危險邊緣：從兩國論到一邊一國》，頁 98-99。

灣加入美日軍事同盟、台灣擁有核武、中國與鄰國發生戰爭，中國即可對台用兵。

同時，北京也認為，「兩國論」在國際社會並無生存空間，中國政府的主張是：李登輝「兩國論」違背了國際法的基本準則。國際法認定，在一個國家領土上只能有一個主權國家，只能有一個代表國家主權的政府。一九四九年，中國共產黨領導的新民主革命推翻了國民黨反動政權，建立了中華人民共和國。根據國際法中政府繼承的原則，一九四九年後，中華人民共和國已取代中華民國成為中國的唯一合法政府。因此，作為全中國在國際上的唯一合法代表，中華人民共和國政府理所當然具有對台灣行使主權的合法資格，這也為國際社會所普遍承認和接受。而北京在論述上雖然藐視「兩國論」的主張及理論架構，但仍加以重視、運用，做為「武嚇」依據與素材。

華盛頓郵報及紐約時報，於一九九九年八月十三日也在頭版刊出，中共可能武力回應「兩國論」[16]，另依據國防部向立法院提出的中共軍事動態報告指出，自從「兩國論」提出後，中共軍方自七月十三日到九月二十一日期間，以戰機出海接近海峽中線對台灣施壓，更在舟山群島海域實施陸海空軍聯合兩棲登陸演習[17]，顯見北京對「兩國論」的反應不只有「文攻」，還有排山倒海的「武嚇」作為。付諸實際行動者，茲表列如下表三：

---

16 〈中共可能武力回應兩國論〉，*中國時報*，1999/8/14，2 版。
17 〈兩國論後共軍曾進行兩棲登陸演習〉，*台灣日報*，1999/11/1，2 版。

表三：北京對「兩國論」之武力恫嚇

（時間：1999 年 7 月中旬至 9 月）

時間	行動內容
1999/7/15	1. 第一線戰機開始出進頻率大幅提昇逼近台海中線，殲 8 與蘇愷 27 夾雜其中；（A：p234） 2. 南京福建濟南軍區人員召回休假達數月，惟部隊無異常調動集結。（A：p234）
1999/7/16	1. 二炮部隊開始實施戰備至 9 月份。（A：p234） 2. 16 日起，中共戰機不斷出海，其頻率甚至超越 1996 年 3 月飛彈試射危機期間。（B：p99）
1999/7/22	815 導彈旅在福建龍嚴、漳平一帶機動演習。（A：p234）
1999/7/25	中共戰機越中線 5 公里。（A：p234）
1999/7/30	戰機越中線 10 公里。（A：p234）

資料來源：A：《李登輝執政告白實錄》；B：《危險邊緣：從兩國論到一邊一國》。

筆者製表 2006/12/18

四、小結

　　「兩國論」發表後，北京片面決定海協會會長汪道涵定於是年十月訪台的行程無限期延長[18]，事實上已使兩岸關係發生質變。汪道涵回應稱：「兩岸對話基礎已不復存在」。北京對於「兩國論」兩國論之看法，可分以下幾點：（一）兩國論是台灣有計劃破壞兩岸關係。（二）其法理論述等同宣告台灣獨立。（三）兩國論破壞政治談判和平統一之政策。（四）兩國論造成兩岸關係民族主義的新危機[19]。

---

[18] 〈台不收回「兩國論」，汪不訪台〉，**文匯報**，1999 年 7 月 31 日，A1。

[19] 張顯超，〈從「兩國論」析主權爭執及兩岸前景〉，《遠景季刊》，第一卷第一

北京主張「一個中國原則」，是以台灣除非投降，自我矮化為中國的地方政府，否則，可以預見的事實是，任何陳述各表或模式的定位，均不可能合北京之意，如過去台灣政府提出「中華民國在台灣」、「一中一台」、「一國兩府」、「階段性兩個中國政策」、「分治的中國」、「台灣的主張」，北京均認係踐行台獨之論述，「特殊兩國論」之提出，至少在國際法層面上，使得台灣人民於行使對外主權時，得以主權國家身分，而為主張。此與北京主張迥異，是以北京以其統治權的觀點與主張，加上武力恫嚇，而造成兩岸關係緊張，應是可預見的。

第二節 華府的反應

在美國的反應中，最普遍的感覺，就是因為事先未獲台北告知而產生的不悅[20]。

一、介入調停

七月十二日，也就是「兩國論」推出後第一個週一上班日，美國國務院記者會中表示，「美國的一個中國政策並未改變」[21]；「李總統有權發表自己的看法，美國希望兩岸對話持續進行」[22]。十二日下午陸委會主委蘇起記者會後，十三日，國務院在記者會中，言詞明顯加劇，數次意有所指的重申「一個中國」政策，要求兩岸雙

期，頁 29，2000 年 1 月。

20　《危險邊緣：從兩國論到一邊一國》，頁 97。
21　"U.S. Backs 'One China' Policy Despite Taiwan Shift", *Reuters* , July 12. 1999.
22　《李登輝執政告白實錄》，頁 239。

方不要再發表談話，並不客氣的表示，美國政府將透過外交管道請台北澄清近日提出的兩岸關係新定義。《紐約時報》、《華盛頓郵報頭》當時也以頭版頭條處理台灣已放棄「一個中國」（scrap the one-China）的報導，並一致做出「美中關係將更加緊繃」、「台灣已經走出了保護傘」、「此舉震驚敵友」的負面報導[23]。

此外，十三日上午，在台北總統府，任期即將屆滿的美國在台協會（AIT）台北辦事處處長張戴佑（Darryl Norman Johnscn）晉見李前總統，對甫出爐的「兩國論」事件，張戴佑主動詢問「貴國的大陸政策有沒有改變？」李前總統則堅定的澄清，「我提出兩岸是特殊國與國關係的宣告，並不表示我們的大陸政策有任何改變」，張戴佑表示「理解」台灣立場，返美後將轉達國務院[24]。當時的場景，據一位在場人士說，李先生當天的神情似乎前所未有的緊張；張戴佑拿出預先準備好的《中華民國憲法》及過去的相關政策聲明，質疑李先生的兩國論是否已經偏離憲法及改變政策，雖然李先生多所解釋，相信張戴佑當天的電報一定仍然與多不滿[25]。另一種說法是，張戴佑的辭行變成詰問，並且還刻意表現出不禮貌的激烈作風[26]。

七月十四日，國務院發言人親自出馬，他不僅多次重申「一個中國」，而且進一步提到台北最不喜歡的「新三不」，表示李前總統的言論與中共的反應均無助於雙方對話[27]。十八日，柯林頓總統首先透過熱線，向江澤民表示，美國「一個中國」政策不變，中國可

---

[23]　《李登輝執政告白實錄》，頁 240。並參閱 Seth Faison , "Taiwan President Implies His Island Is Sovereign State", *New York Times* , July 13. 1999.

[24]　《李登輝執政告白實錄》，頁 240-241。

[25]　《危險邊緣：從兩國論到一邊一國》，頁 96。

[26]　《對話與對抗》，頁 245。

[27]　《危險邊緣：從兩國論到一邊一國》，頁 97。

以完全相信美方歷次發表的談話，他的言下之意應是鄭重撇清美國
與兩國論的關係，減少中共的疑慮。二十日，國務卿歐布萊特宣布，
派遣國安會亞太事務資深主任李侃如、亞太助卿陸士達赴北京；美
國在台協會理事主席卜睿哲赴台北進行面對面溝通與了解。二十一
日，柯林頓總統、國防部長柯恩、國務院發言人魯賓與參院外交委
員會亞太小組主席湯瑪斯，分別從不同角度宣示美國希望台海爭端
以和平方式解決的一貫立場，間接暗示中共武力展示也應有分寸。
柯林頓總統同時提出「三個支柱」的說法。這「三個支柱」（three
pillars）分別為「認知一個中國」、「期望兩岸對話」、「和平解決分歧」。
其實，明眼人都看的出來，他們都是老話，只不過這次特別包裹在
一起，用來解決兩國論危機。其中，「一個中國」這帖藥，為的是讓
中共安心；「和平解決」用來安定台灣民心；而「兩岸對話」則是暗
示，美國希望規劃中的辜汪會晤仍能實現[28]。

　　七月二十二日卜睿哲來到台北，與台北面對面溝通。二十三日，
卜睿哲會見了副總統連戰、國安會秘書長殷宗文、行政院長蕭萬長、
外交部長胡志強、陸委會主委蘇起、國防部長唐飛及辜振甫先生。
當天下午五點半，李前總統接見卜睿哲。「卜睿哲的訪台任務，軟硬
兼施，既要傳達華府希望有效預防、遏阻李登輝可能採取『兩國論
入憲』或相關修法等貿然作為，更要確保美國在亞太地區的既有利
益不受兩國論政治風暴的影響。卜睿哲於七月二十五日在桃園中正
機場發表『離台聲明』時，則重申美國的『一個中國』政策。他說：
『我不是來調停，或是來施壓，而是來了解的。我要非常明確的說，
美國人民和台灣人民的友誼，穩如堅石。美國政府對台政策所有的
要素，依舊沒有改變。美國仍然承諾忠實的執行台灣關係法。美國

---

[28]　《危險邊緣：從兩國論到一邊一國》，頁100。

政策的要素中最重要的是，我們對和平解決兩岸問題的長久利益。……一個中國原則是美國政策的基石，過去二十多年來的六任政府，四任共和黨，二任民主黨，都固守這個原則。這個原則促成了有利的環境，使和平得以維持，台灣得以繁榮和民主，兩岸合作也大為推展。如何確切地界定一個中國原則，以及如何具體實現，最好留給海峽兩岸，在雙方都能接受的基礎上去決定。」[29]卜睿哲把「調停」、「施壓」修飾為「了解」，從這段話，或可顯示華府已得到其所要的目的，同時在避免鼓勵北京的前提下，保住台北顏面。

此時，華府特使陸士達、李侃如正在北京。八十年代鄧小平在處理統一問題時就曾指出，「台灣問題的核心關鍵是在中美關係。」因此，李登輝提出兩國論後，北京方面最迫切想了解的還是美國方面的態度。基於處理兩岸事務的歷史經驗與教訓，美國的動向與態度已成為北京處理「兩國論」的關鍵因素[30]。陸士達等人給北京的訊息是，除了澄清事先並未獲知「兩國論」，並再次重申美國堅持「一個中國」的政策立場，同時要求中共克制，早日恢復與台灣間的磋商。中共則明白要求美方告訴台灣放棄「兩國論」[31]。同時在七月底，江澤民再致函柯林頓，提出三項要求：一、美國應該強迫李登輝收回兩國論；二、停止對台軍售；三、壓迫李登輝與中共進行談判。柯林頓則於八月中旬，回函江澤民，表達：一、不支持特殊兩國論；二、不同意停止對台軍售；三、鼓勵兩岸進行政治對話[32]。

29　《對話與對抗》，頁 247。
30　王綽中，〈處理兩國論，中共寄望美助力〉，*中國時報*，1999 年 7 月 25 日，14 版。
31　〈陸士達要求中共克制，恢復磋商〉，*聯合報*，1999 年 7 月 24 日，3 版。
32　《李登輝執政告白實錄》，頁 251。

柯林頓只表達不支持兩國論，並沒有如江所期盼的壓迫台北收回兩國論。

　　九月十一日，柯、江會在紐西蘭登場，江澤民對其前函要求，仍持續追擊，柯在會上則重申兩個月來美國大小官員一再重複的「三個支柱」。國安會顧問柏格，於柯、江紐西蘭奧克蘭高峰會晤後的記者會上，毫不避諱地透露，柯在高峰會上對江說：「李先生的（兩國論）聲明對美國與中共均造成更多困難。」接著，聯合國總務委員會討論我國入會案時，美國代表破天荒地發言反對（美國第一次不用「沉默」而用「反對」來表達立場）[33]。

　　媒體方面，李前總統發表兩國論後，《紐約時報》指出：「李總統這項突如其來的聲明，等於放棄長久以來協助台灣免於一戰的政治模式。[34]」形式上，美國是反對的。惟華府已感受到北京之強烈反應，中國大陸內部「不惜軍事威懾」之聲甚囂塵上，是以白宮與國務院派遣特使分赴北京與台北斡旋，發揮「預防性外交」作用，一則向北京保證恪遵「一個中國」政策，祛除北京對華府從中暗助台北「兩國論」之疑慮，同時呼籲中共和平解決兩岸分歧包括透過對話協商，切勿輕忽美國根據台灣關係法維護台海穩定安全的決心。另外敦促台北做出周延完整的澄清，避免刺激北京而使汪道涵訪台之兩岸對話大門關閉[35]。華府的介入，顯示美國政府與國會認為兩岸情勢嚴重，因此一再呼籲台海雙方自制、避免挑釁的動作，並鼓勵兩岸恢復對話。

---

[33]　《危險邊緣：從兩國論到一邊一國》，頁 115。

[34]　Seth Faison , "Taiwan President Implies His Island Is Sovereign State", *New York Times* , July 13. 1999.

[35]　〈從「兩國論」析主權爭執及兩岸前景，頁 21。

二、小結

北京無法透過柯江會談，測試出華府對北京一旦「懲罰」台灣之容忍底線，亦無法取得華府向台北直接施壓收回「特殊國與國關係論」的承諾，美國如何讓江澤民雖不滿意但勉可接受的平衡點，可能即是美方在台北透過植基於「特殊國與國關係論」精神推動的入聯案時，一改過去六年不介入之立場，起而宣示美之「一個中國」政策，不能支持台灣參與聯合國之立場，一面體現華府言行如一之承諾，並遏阻「兩國論」國際效應之擴散，一面安撫北京不滿情緒並期許以對話取代對抗。要之，美國政府對中國與台灣的基本關係，事實上並未改變。

李前總統發表「兩國論」後，中國政府確有迂迴假手美國政府，向台灣政府施壓，意圖迫使台灣收回「特殊國與國關係論」，美國政府在中共揚言對台採取軍事動武的威脅下，柯林頓總統重申美國堅持「一個中國」政策、兩岸對話、和平解決歧見的「三個支柱」。美國應該逐漸認知到，在兩岸主張「一個中國」戰略模糊的戰略，已經因柯林頓訪問北京與「兩國論」主張而破局，而美國過去不做台海調人的平衡立場也將逐漸被打破。美國為維護其國家利益與東亞經濟繁榮與穩定，必須積極預止兩岸關係出格所造成的東亞區域安全危機。

第三節　台北危機處理

陳水扁總統在其《相信台灣》一書中，說到：「一九九九年七月九日，前總統李登輝講出兩岸是特殊的國與國關係之後，只有五天的時間，當時的陸委會主委蘇起就自作主張幫他收回，又回到『一

個中國』。[36]」其實，蘇起教授當時記者會報告事項並無收回「兩國論」的跡象，詢答內容更是被認為「衝過頭」；再提出「兩國論」起算第五天，即七月十三日，當日 AIT 處長張戴佑因辭行晉見李前總統，儘管有張戴佑「詰問」之說（如前述），也看不出有收回情事。

不過，「兩國論」事件，李前總統確實由原先「兩個國家」，先修正到「一個中國是未來」，再退到雙十文告的「兩岸對一個中國原則看法不同」[37]。在沉重的國際壓力下，台北迴旋轉進，有以下的危機處理。

一、面對危機的升高

在七月十三日，危機顯然忽然升高。北京開始釋放武嚇（軍事演習）訊息，進而付諸行動；華府拉高分貝言詞加劇，且不客氣表示，將透過外交管道請台北澄清近日提出的兩岸關係新定義，打破了不做「兩岸調人」的立場。

北京在「兩國論」發表後第二天（十一日），一般預料之中地，透過對台工作單位嚴辭批駁；第三天（十二日），外交部點名批李。華府國務院記者會中，重申「一個中國」政策的既定立場。都只是台海狂風驟雨前的寧靜。

七月十日，辜振甫先生於嚴復先生全集發表會上，回答記者「兩岸之間，我們堅持的是對等，它是什麼，就是什麼」，隔天被媒體解讀為「國與國關係」後，大陸海協會會長汪道涵透過《人民日報》表示震驚，希望辜先生予以澄清。

36　陳水扁，《相信台灣》，頁 35-36，台北，圓神，2004 年 1 月初版。
37　《李登輝執政告白實錄》，頁 258。

　　七月十二日，《自由時報》頭版刊載：「權威消息管道」說：「政府對有關不適當、有損我國際法定位的法律條文，已經列出了詳細清單，將一一予以檢討，並且經由修法調整。[38]」二版則明確表列出憲法第四條、國家安全法及其施行細則、兩岸人民關係條例及其施行細則、國籍法、甚至國統綱領、李六條等等，作為未來必須翻修的對象[39]。這樣訊息，緊接在「兩國論」後第三天，很難不給有心人（譬如北京當局）認為「兩國論」不只說說而已的想法。

　　當天《台灣日報》也在一版報導：「蘇起表示，陸委會今天（七月十二日）將公開針對李總統宣示『兩岸間是特殊的國與國關係』，就兩岸政策清楚地做出說明。另對於中共中台辦和國台辦發言人昨天針對李總統談話，提出『嚴正警告台獨分裂勢力，停止一切分裂活動』的強烈抨擊，蘇起表示，他將於今天舉行的記者會中一併對外說明。[40]」可見陸委會主委蘇起，在記者會前一天，已經決定召開記者會。惟記者會中要說明的內容，於此尚未明瞭。

　　在當天下午，陸委會主委蘇起中外記者會上，雖然四平八穩宣讀出：李前總統的宣示，包含了三項意義，即一、「務實性」：中華民國與中華人民共和國政府分別統治台灣與大陸兩地，這已是一個不爭的政治現實與法律事實；第二、「延續性」：這次宣示主要係在陳述兩岸關係的現狀。大陸政策本身並沒有任何重大改變與修正；第三、「開創性」：「兩國論」使兩岸擺脫「一個中國」意涵的爭執，以新的觀念再啟兩岸互動的新頁，在對等的地位上，雙方可以無所不談，包括大陸當局希望的政治談判。最後解釋兩岸之所以「特殊」，

---

[38]　《危險邊緣：從兩國論到一邊一國》，頁 106。

[39]　〈兩國取代兩區，將既有事實予以法律化，精省後，又一項重大改革〉，*自由時報*，1999 年 7 月 12 日 2 版。

[40]　〈兩國論衝擊兩岸關係定位〉，*台灣日報*，1999 年 7 月 12 日 1 版。

因為兩岸間存在「民族感情」與「文化因素」[41]。但在回答記者詢問的第十三個問題：「……我們現在是否仍以『一個中國』為指向，現在國與國關係是否為階段性？」時，蘇主委最後答道：「……『一個中國』的說法，在我們當初看來是善意的，然而到最後卻演變成無所不在，中共無所不用其極在國際上、在兩岸關係上打壓我們的工具，因此中共『一個中國』的迷思我們要打破（dismiss[42]），因為它已經被中共利用成為壓迫我們的工具，因此兩岸關係要恢復正常，我們要走出此迷思。我們對大陸還是有善意，還是交流對話，大陸民主化後兩岸統一的長遠目標仍是沒變。可是我們不願意在當前非常不對等的情況下，將此關係推展到無限期的未來。[43]」

隨即，《華盛頓郵報》發出一篇報導，直指台北放棄「一個中國」。這些類似的報導使許多人開始認為，中華民國政府不再只是依據自己對「一個中國」的認知，反對「中共的一個中國原則」，而是更進一步地反對「一個中國」本身。這個誤解在當時造成了國內外的震撼[44]。

七月十三日，台北股市投資人擔心台海危機再現，市場中出現當年來非經濟因素中罕見的恐慌性殺盤，終場重跌二百五十九點[45]。

為了避免中共效應擴大，七月十四日，總統府由國安會秘書長殷宗文，召集黃昆輝、丁懋時、蘇起、胡志強、辜振甫、林碧炤、

---

[41] 《李總統登輝特殊國與國關係中華民國政策說明文件》，頁 10-12。
[42] 《李總統登輝特殊國與國關係中華民國政策說明文件》英文本用詞，見 Mainland Affair Council ,*TAIPEI SPEAKS UP: SPECIAL STATE-TO-STATE RELATIONSHIP Republic of China's Policy Documents*(Taipei,1999/9), p.18.
[43] 《李總統登輝特殊國與國關係中華民國政策說明文件》，頁 19-21。
[44] 《危險邊緣：從兩國論到一邊一國》，頁 93-94。
[45] 〈受李登輝「兩國論」衝擊，台股市重挫二五九點〉，*大公報*，1999 年 7 月 14 日，A6 版。

胡為真、程建人等人參與應變會議[46]，決定擬由辜振甫適時出面對海協會做出回應，各有關部門應積極進行國際文宣與說明。行政院長蕭萬長則在院裡約見央行總裁彭淮南、財政部長邱正雄等閣員，商討穩控股匯市有效作為[47]。

二、「兩國論」的修正

至七月二十日，在中共文攻武嚇之下，股市已跌了一千多點。當天李前總統在接見國際扶輪社社員代表時，利用致詞機會，對「兩國論」做了第二次補述，特別就「一個中國」，修飾為：「民國八十年修憲以來，已將兩岸關係定位在國家與國家，至少是特殊的國與國關係，而非一合法政府、一叛亂團體，或一中央政府、一地方政府的「一個中國」內部關係[48]。「一個中國」不是現在，而是將來民主統一之後，才會有「一個中國」的可能。」[49]保留「一個中國」的未來性，企圖就局勢進行減壓。值得一提的是，李前總統在接受德國之聲專訪時，用的是西元紀年，此時則改用「民國」紀年，讓步跡象十分明顯。

北京顯然不滿意李前總統的修正。當天中共外交部在記者會中指稱，「無論李登輝在兩國論上具體措詞如何修改，它主要的內容還是國與國關係，中共對此態度並未改變」，並重申「台灣方面在兩國

---

[46] 張榮豐事後接受媒體訪問時表示，國安會在 7 月 13 日由殷宗文主持應變會議，《對話與對抗》，頁 249。

[47] 《李登輝執政告白實錄》，頁 232-233。

[48] 行政院大陸委員會，http://www.mac.gov.tw/big5/mlpolicy/cschrono/sc2.htm，2006 年 11 月 30 日。

[49] 《李總統登輝特殊國與國關係中華民國政策說明文件》，頁 34。

論上不作改變，必然將影響兩岸關係的改善，影響台灣海峽局勢的穩定，危害中國的和平與統一」，另外，「要求辜振甫澄清依然有效。[50]」

七月二十七日，李前總統在台北賓館宴請二十三縣市正副議長，說明、解釋「兩國論」；接著安排一系列下鄉行程，直接去和民眾互動，訴諸民意[51]。

卜睿哲離台（七月二十五日）後，國安會秘書長殷宗文連續多日召開「擬稿會議」，以回應海協會。會中討論如何將「特殊國與國關係」與「一個中國，各自表述」接軌問題。七月三十日，就回歸「一中各表」，或保留特殊國與國關係原味的兩派意見，折衷意見出爐，決定由辜振甫以談話稿方式傳真海協會，主要訴求對象則著重於華府。主要訴求點是，民國八十一年兩會曾有「一個中國口頭上各自表述」的共識，然而大陸方面卻一再宣揚其「一個中國」原則；我方則認為「一個中國」是未來式，兩岸現在是對等分治，同時存在，因此可以特殊的國與國關係加以定位。這份傳真函，於當天下午二時發出。海協會隨即於下午五時，回傳表示拒收。並致函批評：「貴會所傳『談話稿』已嚴重違背1992年兩會關於『海峽兩岸均堅持一個中國原則』的共識，我會不予接受，現予退回[52]。」辜振甫談話稿發出去幾小時，陸委會主委蘇起主持中外記者會，重申辜文各點，強調「我們從來沒有離開過『一個中國，各自表述』的架構」，「我們反對的一向是中共的一個中國原則」等等[53]。

八月一日，陸委會公布《對等、和平與雙贏—中華民國對「特殊國與國關係」的立場》之說帖。說帖中指出，兩岸問題的根源是

50　〈不改兩國論，影響台海穩定〉，**中國時報**，1999年7月21日，2版。
51　《李登輝執政告白實錄》，頁238。
52　《李登輝執政告白實錄》，頁247。
53　《危險邊緣：從兩國論到一邊一國》，頁111-112。詳見同前註37，頁40-54。

「中共霸權式的一個中國原則」，接著呼籲兩岸應該回到「一個中國，各自表述」的共識，最後強調兩國論旨在確立兩岸間的平等地位，而各項相關政策不變，既然「政策未變，自不存在所謂修憲、修法、修改國統綱領的問題」[54]。這份說帖，在李前總統看來，是未經「擬稿會議」，由陸委會私自無預警的公布。同時引起極大爭議，認為政府一退再退已經失去了原則[55]。

九月上旬，丁懋時奉命前往美國進行高層對話時，正式向美方傳達，台灣的大陸政策並未改變，因此未來不會進行修憲與修法，國統會與國統綱領也將繼續運作[56]。

九月十七日，台北再派當時任陸委會副主委林中斌教授赴美說明。二十一日七時三十分，林教授在華府 Season Hotel，與國安會、國務院、AIT 等行政部門官員進行早餐會。卜睿哲當場問道：「一個中國」政策仍再運作嗎？另有官員質疑，「一個中國」還在不在？並表示，「你們這麼一講（兩國論），讓我們和北京打交道變的困難。另外，北京的解放軍頭如果強烈反應，會有引發戰爭的危險。」林教授返回台北後，蔡英文於二十九日上午十一點十分，到林教授在陸委會的辦公室辦會，希望藉此了解華府的想法[57]。

十月十日，李前總統在國慶祝詞中述及：「我們了解，當前國家尚未統一，台海兩岸對『一個中國』各有不同看法。但我們認為，兩岸關係為特殊的國與國關係，乃是歷史與法律的事實。兩岸應當正視此依事實。」這段談話，外界有人認為，是退回到「一中各表」，但是李前總統私下認為，所謂（兩岸對「一個中國」）各有不同看法，

54　《危險邊緣：從兩國論到一邊一國》，頁 112。同前註 37，頁 55-60。
55　《李登輝執政告白實錄》，頁 247。
56　《李登輝執政告白實錄》，頁 250。
57　訪談林教授，2006 年 11 月 21 日下午，在台北，中華歐亞基金會。

在他個人可以解釋為「我的看法就是根本沒有一個中國，一個中國是他們的」，至於外界如何看，就讓大家各取所需[58]。

三、國內反應

李前總統發表兩國論後，民意支持度甚高（如附錄二）。但台北股市慘跌，匯市爆出巨量。第二天立即在國內各大媒體成為頭條新聞，不同立場報紙分別提出不同的評論，在國會佔極少數的新黨大加批判，惟國民黨與民進黨仍給予正面回應[59]。

李前總統於一九九九年發表「兩國論」後，在台灣島內，為多數人民與學者所支持，惟一部分學者則另有不同看法，發表主張謂「兩國論」已引起台海兩岸關係空前緊張，不僅主要友邦表示關切，中共強烈抨擊，台北股市也數度大跌為止，發表「為台海兩岸和平相處，籲請李登輝總統及行政院蕭院長遵守憲法及法律，停止推動「兩國論」，告全國同胞書－「反台獨、反內戰、救台灣」[60]。其主要內容略以：這次兩國論的公布，不僅國會未經諮商，各政黨內也未經討論，連政府部門內極高層的人士都未參與研討規劃，且嚴重違反其就職宣言、憲法條文及相關法律，得到十分負面國際評價，兩國論不能代表台灣地區所有同胞的意見，其從事分割台海兩岸主權的作為，並提出具體建議：（一）立即停止對兩國論作擴張性解釋。（二）維持一個中國的立場。（三）不採兩岸是「國與國關係」的解釋。（四）停止對兩國論的向外宣傳作業。（五）拒絕從事任何製造

---

[58]　《李登輝執政告白實錄》，頁 257。
[59]　《李登輝執政告白實錄》，頁 230。
[60]　相關報導，〈百餘學者籲停止推動兩國論〉，*聯合報*，1999 年 7 月 19 日，4 版。

或利用兩岸關係緊張以延長總統任期或延後總統選舉的圖謀。此告同胞書，係由一百零四人學者連署。

四、小結

　　台北起初堅持提出兩國論，係在陳述客觀事實，強調政府的大陸政策不變，亦重申歡迎汪道涵訪問台灣，希望藉此減弱北京所進行的文攻武嚇的正當性。而且「兩國論」的核心理念，畢竟係國家主權定位問題，即中國政府與台灣政府為特殊的國與國關係。而縱然說法正當，也獲得國內大多數民意的支持，仍不得不屈就於華府、北京的壓力。最後，一路修正，回到原點。

第四章　「一邊一國論」的提出

　　陳總統「台獨」傾向明顯，但事出必有因。在國際壓力下講出「四不一沒有」，又頻頻對北京釋出善意。惟北京不予重視，且毫不手軟下，終於促使「一邊一國論」正式搬上檯面。

第一節　「一邊一國論」的先聲

　　早在一九九五年九月二十三日，當時擔任台北市長的陳水扁總統，即曾表示：「民選總統產生後，兩岸將朝向『一邊一國』發展」[1]。隨後，於一九九八年六月十四日，陳總統當時以台北市長身分訪問美國，在面對二千位南加州台灣鄉親的熱切期許下，他毫不保留的喊出了：「台灣、中國、一邊一國。[2]」在時序上，均早於一九九九年七月九日李登輝所提出之「特殊的國與國關係」的「兩國論」。

　　陳總統在競選二〇〇〇年總統時，其「陳水扁總統競選指揮中心國家藍圖委員會」於一九九九年十一月十五日，就台灣的國家定位，明確地宣示：台灣是一個主權獨立的國家，依目前憲法稱為中華民國；台灣不是中華人民共和國的一部份；台灣與中華人民共和國，是兩個互不隸屬、互不統治、互不管轄的國家[3]。

---

[1]〈陳水扁：兩岸將朝「一邊一國」發展〉，**聯合報**，1995/09/24，2 版。

[2]〈陳水扁：台灣、中國，一邊一國〉，**中國時報**，1998/06/16，4 版。

[3]　陳水扁總統競選指揮中心國家藍圖委員會，〈跨世紀中國政策白皮書〉，收於行政院大陸委員會，《政府大陸政策重要文件》，頁 115-167，台北，2004 年11 月，12 版。

　　一九九九年十一月十三日，「兩國論」激情已過，陳總統當時以民進黨總統候選人身分，出席「海內外台灣人國是會議」，面對在場獨派人士時，他特別強調：台灣做為主權獨立國家，是獨立於中華人民共和國之外，台灣不是中國的一區、一省、一部分，台灣也不是中國的地方政府；台灣、中國，一邊一國，這一點他永遠不會改變，也不會做任何修正、讓步；他說他從事民主運動近二十年，這是最起碼的堅持，否則這條路會走不下去，他相信只要努力打拼，堅持不可能的事，有一天也會成真[4]。

　　曾經擔任陳總統國家藍圖委員會外交政策小組召集人的陳隆志，也曾多次提出一邊一國的呼聲，二○○○年四月間，他主張推行以台灣為主體外交，強調徹底脫離「一中」陷阱，明確定位一邊一國，才是台灣外交再出發的根本[5]。

第二節　台北的善意

　　二○○○年三月二十日，陳水扁先生與呂秀蓮女士當選中華民國第十屆總統、副總統。對此選舉結果，北京第一份聲明是以中央台辦暨國務院台辦名義發表，除了重申「一個中國原則」、反對台灣獨立之外，也強調「對台灣新領導人我們將『聽其言、觀其行』，對他將把兩岸關係引向何方拭目以待」[6]。

4　〈陳水扁：兩岸一邊一國立場不變〉，*台灣日報*，1999/11/14，2 版。
5　〈陳隆志籲推行以台灣為主體外交〉，*自由時報*，2000/04/09，4 版；相關報導，陳隆志，〈台灣，中國，一邊一國〉，*自由時報*，1998/05/13，11 版、〈堅持一邊一國勿蹈一中陷井〉，*自由時報*，2000/03/20，15 版。
6　《危險邊緣：從兩國論到一邊一國》，頁 127。

　　陳水扁總統於二〇〇〇年五月二十日就職演說中，兩岸關係部分，指出「海峽兩岸人民源自于相同的血緣、文化和歷史背景，我們相信雙方的領導人一定有足夠的智慧和創意，秉持民主對等的原則，在既有的基礎之上，以善意營造合作的條件，共同來處里未來『一個中國』的問題」；進而表示，「只要中共無意對台動武，本人保證在任期之內，不會宣布獨立，不會更改國號，不會推動兩國論入憲，不會推動改變現狀的統獨公投，也沒有廢除國統綱領與國統會的問題」[7]，也就是所謂的「四不一沒有」。這樣的善意，回應並安撫了大陸方面，對陳總統台獨傾向的疑慮，及是否繼承前總統李登輝「兩國論」的擔憂。

　　二〇〇一年十二月三十一日，陳總統在其民國九十一年元旦祝詞中，更近一步提出了「統合論」，並表示「一個中國」原本不是問題。他強調，只要放棄武力的威脅，尊重人民自由意志的選擇，兩岸之間可以由文化、經貿的統合開始著手，進而尋求永久和平、政治統合的新架構。二〇〇二年五月九日，陳總統陪同媒體主管前往金門地區並至大膽島參訪，在大膽島發表了「大膽宣言」，宣示：第一，兩岸關係的正常化是臺海永久和平的基礎，兩岸關係的正常化必須是從經貿關係正常化開始做起。第二，兩岸必須重啟協商大門，方能減少誤會及誤判，復談的第一步就是先行互訪。第三，兩岸「三通」是必走的一條路，而「小三通」是「大三通」的第一步。甚至感性的說「兩岸近在咫尺，只要用肉眼就可以看到對岸，大家其實就像是好鄰居一樣，都可以相互邀請對方來家裡坐一坐、喝喝茶，這其實也就是現在兩岸民間交往的最佳寫照。所以，如果中共領導

---

[7]　資料來源：行政院大陸委員會，http://www.mac.gov.tw/big5/mlpolicy/cb0520.htm，2006 年 11 月 30 日。

人願意，阿扁也願意邀請他們到神泉茶坊來喝茶、談天。[8]」頗有兩岸從哪裡「分」，就從哪裡「合」的味道。

在兩岸經貿政策上，陳總統一改李登輝的「戒急用忍」，轉向「積極開放、有效管理」。二〇〇一年十一月七日，由行政院院會，通過大陸投資「積極開放、有效管理」政策，取消大陸投資個案 5,000萬美元上限，建立新的審查機制[9]。

從前述表一可以看出，陳總統在二〇〇二年八月三日提出「一邊一國論」前，也許是現實的壓力，事實上還是先拋開「一邊一國」的冀求，持續努力對北京釋出諸多善意。在就職二年內，不包括透過行政院的發言，親自向北京釋出善意者共有十次，平均兩個月餘就有一次。

第三節　提出「一邊一國論」

以上陳總統上任以來一直克制避免激怒中共的善意，卻沒有換得相應對待，他的耐性瀕臨界線是可以理解的。在其支持群眾中，感覺到台灣的力量正被削弱，而過去台灣一直推動的兩岸經貿交流，中共並未付出任何代價（在兩岸關係角度），卻不斷獲利。在距離下屆總統大選僅十八個月之際，陳總統可能感覺到必須將態度轉趨強硬，來重拾選民的信心。

意外的是，在二〇〇二年七月二十一日間，就在陳水扁總統就任民進黨黨主席當天，中國宣布與諾魯建交，並使其與中華民國斷

---

[8]　行政院大陸委員會，http://www.mac.gov.tw/big5/mlpolicy/ch915901.htm，2006年 11 月 30 日。

[9]　行政院大陸委員會，〈「積極開放、有效管理」政策說明〉，收於《政府大陸政策重要文件》，頁 42-56。

交，而讓兩岸關係雪上加霜。對陳總統來說，北京「諾魯事件」蓄意挑釁、不友善的行為，「台灣就不應再心存任何幻想，我們當然要走自己的路」。因此，其宣誓就職兼任民進黨黨主席演說中，雖重申「大膽宣言」，呼籲北京善意回應，同時，也刻意加入「走自己的路」的談話[10]。

二〇〇一年十二月間，民進黨在立法院選舉中，獲得超乎意料的勝利，已經成為國會中的最大政黨，提升了陳總統的信心與民進黨的士氣。加上陳總統所表達的善意，不僅未獲北京善意回應，並有來自內部獨派勢力反彈的壓力，好比李前總統乾綱獨斷地提出「兩國論」，陳總統也不惶多讓地祭出「一邊一國論」。即於二〇〇二年八月三日，陳水扁總統利用第二十九屆世界臺灣同鄉會聯合會在東京召開時，在總統府透過視訊直播方式致開幕詞的機會，說道：「請大家共同認真的思考：

一、阿扁這幾天有講，我們必須要認真思考，要走自己的路，走我們台灣的路，走出我們台灣的前途，什麼叫「我們台灣自己的路」，很簡單，也很清楚，非常明白，我們自己台灣的路就是台灣的民主之路、台灣的自由之路、台灣的人權之路、台灣的和平之路。

二、台灣是我們的國家，我們的國家不能被欺負、被矮化、被邊緣化及地方化，台灣不是別人的一部分；不是別人的地方政府、別人的一省，台灣也不能成為第二個香港、澳門，因為台灣是一個主權獨立的國家，簡言之，台灣跟對岸中國一邊一國，要分清楚。

三、中國一直不放棄對台灣使用武力，在國際上打壓台灣，這對台灣人民的感情有很大傷害，中國說的所謂「一個中國原則」或「一國兩制」就是對台灣現狀的改變，我們不可能接受，因為台灣

---

[10] 《相信台灣》，頁35。

的未來，台灣的現狀是否要改變？不是任何一個國家、任何一個政府、任何一個政黨、任何個人可以替我們決定，只有二千三百萬偉大的台灣人民，才有權利對台灣的前途、台灣的命運和現狀來做決定。而有需要的時候要如何決定？就是我們長期追求的理想和目標；也是大家共同的理念－公民投票，公民投票是基本人權，也是二千三百萬人民的基本人權，不能被剝奪和限制的，個人要誠懇的呼籲和鼓舞大家，要認真思考公民投票立法的重要性和迫切性。[11]」

陳總統說出的三點：（一）台灣要走自己的路；（二）台灣和對岸的中國是「一邊一國」，要分清楚；（三）要認真思考「公民投票立法」的重要性和迫切性。前二點，就陳總統以往「台獨傾向」言論而言，並無新意；從事後在二○○四年總統大選前完成「公投立法」，並在總統大選同時，舉辦台灣有史以來第一次公民投票來看，我們似乎可以事後諸葛地說，陳總統當時的目標顯在「公投立法」。

至於陳總統提出「一邊一國論」前，是否經過幕僚討論、規劃？據筆者訪談當時多位核心幕僚（不包括邱義仁先生）表示，大多表示不知情。部分猜測，陳總統提出前應該有告訴國安會秘書長邱義仁；惟另有受訪者表示，邱義仁事先不知情，因為接獲總統提出「一邊一國論」消息的第一時間，即由該受訪者通知邱義仁。由此可見，這似乎又是總統的一次「乾綱獨斷」。美國方面事先未接獲此訊息，自也不在話下。

---

[11] 行政院陸委會，http://www.mac.gov.tw/big5/mlpolicy/ch910803.htm，2006 年 11 月 30 日。

第五章 「一邊一國論」的應變

「一邊一國論」危機，已顯較「兩國論」為輕。同時，兩岸都同時學習到教訓，因此短期的激盪，很快過去。

第一節 北京的文攻

中國當局在知悉陳總統發表「一邊一國論」後，中國外交部在八月四日馬上重申其長期的、新三段論之「一個中國」的立場，即「全世界只得一個中國，大陸和台灣都是中國組成部分。我們永不容許中國主權和領土分裂。[1]」

正式的回應則在隔日（五日），與「兩國論」事件相同規格，以層級不高的中央台灣工作辦公室、國務院台灣事務辦公室名義發表談話，其新聞發言人李維一宣讀：「近日來，陳水扁多次發表談話，公然聲稱『要走台灣自己的路』，兩岸是『一邊一國』，準備用『公民投票』方式『在有需要的時後』決定『台灣的前途、命運和現狀』。這些言論與李登輝『兩國論』如出一轍，充分暴露了他頑固堅持『台獨』立場的真面目，是對包括台灣同胞在內的全體中國人民的公然挑釁，也是對國際社會公議的一個中國原則的公然挑釁，必將對兩岸關係造成嚴重的破壞，影響亞太地區的穩定與和平。「世界上只有一個中國，大陸和台灣同屬一個中國，中國的主權和領土完整不容分割。反對『台獨』分裂，實現國家統一，是我們堅定不移的立場，絕不允許任何人以任何方式把台灣從中國分裂出去。我們嚴正警告

---

[1] 〈北京：不容「台獨」〉，*大公報*，2002/08/05，A1 版。

台灣分裂勢力，不要錯判情勢，立即懸崖勒馬，停止一切分裂活動。[2]」基本上，這樣的官方談話也算是相當克制了。

八月七日，海協會以負責人名義發表談話，針對陳總統六日提出的五點表示，認為是為「一邊一國」謬論狡辯，繼續宣稱「台灣是一個主權獨立的國家」，實際上仍然是在鼓吹台獨的分裂主張[3]。國務院副總理錢其琛二十日在北京中南海會見「中國和平統一促進會」訪問團一行時稱，陳水扁總統的「一邊一國」談話與李登輝前總統的「兩國論」是一脈相承，為兩岸關係設置了新的障礙[4]。

代表中共官方的人民日報、新華社六日發表共同評論員文章「危險的挑釁－評陳水扁的分裂言論」，對陳總統進行批判，認為陳總統和李前總統一樣，「是一個兩岸關係和國際社會的『麻煩製造者』」，同時，「如果台灣少數人將其分裂圖謀強加給中國人民，我們決不姑息，也絕不會坐視」。[5]香港官方的文匯報和大公報，亦在同日刊登社論，稱「一邊一國」是對「一個中國」原則的公然挑釁，必將對兩岸關係造成破壞，影響亞太地區的穩定與和平[6]。

自二〇〇二年八月四日至三十日，短短二十七天時間，以各種型式，共發表六十九篇[7]，茲整理如附錄五。比較對「兩國論」文攻

2　〈中共中央台辦國務院台辦新聞發言人就陳水扁鼓吹「台獨」發表談話〉，*人民日報*，2002/08/06。

3　〈總統五點表示海協會評擊〉，*聯合報*，2002/8/8，2 版。

4　〈錢其琛會見全非洲中國統促會訪問團時談台灣問題〉，*人民日報*，2002/08/22。

5　〈危險的挑釁——評陳水扁的分裂言論〉，*人民日報*，2002/08/07。

6　〈香港輿論撻伐「台獨」言論〉，*人民日報（海外版）*，2002/08/07。

7　來源：國務院台灣事務辦公室新聞局編，《陳水扁「一邊一國論」批判》，北京，九洲，2002 年 9 月 1 版。

的程度（六十九天七十四篇），足足多出三倍。足見北京雖未出現「武嚇」行動，卻有把「文攻」強度拉高的作為。

此外，大陸學者方面，也提出批判。有指稱「扁的提法比李登輝的『兩國論』更邁進一步，顯示扁已經不滿足於借『中華民國』之殼獨立」，另中國人民大學台港澳中心主任張同新表示：「陳水扁就任民進黨主席後發表的一邊一國論，赤裸裸地說穿了他所謂『台灣要走自己的路』的具體方向，明確地說出他分裂國家的思想，完全公開了其兩國論的主張，北京應予警惕。」[8]北京的涉台事務專家也認為，陳總統提出「一邊一國論」，「這是非常嚴重的事」，「等於否定就職時宣稱的立場，北京若不反撲將被視軟弱」。[9]中國時報二十一日報導，在陳總統提出「一邊一國」談話後，北京權威對臺人士透露，鑒於臺灣方面正在全力推動「經貿拒統」的臺獨戰略，最近中共中央高層已要求國臺辦、外經貿和交通等相關部門加速推動兩岸三通進程，同時要求各地方政府積極規劃吸引臺商投資措施，以貫徹「經濟促統」政策[10]。

從「文攻武嚇」轉變為「文攻」，可見北京確已從「兩國論」中學習到經驗，由「鋼」調整到「柔」的對台政策。

第二節　華府的壓力

在陳水扁總統發表「一邊一國論」之後，當日美國在台協會（AIT）的高層官員便表示高度關切之意，並四處打聽，試圖了解

---

[8]　〈大陸學者指變本加厲〉，*明報*，2002/8/4，15 版。
[9]　〈大陸專家：一邊一國非常嚴重〉，*中央日報*，2002/8/5，4 版。
[10]　〈中共中央台辦國務院台辦新聞發言人就陳水扁鼓吹「台獨」發表談話〉。

陳水扁總統此一言論的立場與用意。在二○○二年八月五日午夜前，美國駐北京大使雷克奉國務院之命，向北京外交部官員說明 AIT 的包道格與台北高層會晤的內容，並保證布希政府的一個中國的政策不變。[11]同日美國國務院副發言人里克表示：「美國的政策是一個中國，這是一個長期的政策，我們的政策沒有發生變化。」同時強調：「美國關注的兩岸問題應該和平解決」。[12]接著，美國國家安全會議發言人 Sean McCormack 於八月七日的記者會（在陸委會蔡英文主委抵達華府前數小時舉行）中，表示「美國不支持台獨」，「台灣公開強調陳水扁的談話不是在追求台灣獨立，他們如此解釋，我們姑且相信。[13]」

　　八月八日，在華府國務院中，當著蔡英文主委代表陳總統誠意十足地主動澄清，副國務卿阿米塔吉「開門見山，直率地對陳水扁在此時機提出『台灣中國、一邊一國』論述，嚴肅地表達美方的關切」，「對於台北在毫無預警的情況下拋出爭議性的論述，為美中台三邊互動帶來了緊張狀況，進而影響區域的穩定發展，直接地表達了美方的關切與樂見兩岸儘速復談的立場。[14]」

---

[11] 〈美呼籲兩岸儘快重啟對話美主動向中共說明與扁會晤內容〉，*聯合報*，2002/08/08，1 版。

[12] 〈美重申一個中國政策〉，*人民日報*，2002/08/07，三版。

[13] 〈一邊一國論華府表立場美不支持台獨聽信我方解釋〉，*中國時報*，2002/08/09，4 版。該段原文是：It's our understanding that the authorities on Taiwan have publicly emphasized that Chen Shui-bian's August 3 remarks were not a call for independence….and we certainly take those assurances at their face value. 見 "US one-China policy maims Unchanged. Official Says " The Washington File, US Department of State, August 9. 2002.

[14] 《對話與對抗》，頁 123。

　　同一時期[15]，媒體與智庫也有多人撰文發表意見。*The Christian Science Monitor* 在八月七日的社論中指出，北京對「一邊一國論」似乎並未真正作出任何激烈的反應。長期批判中共的 *Washington Times* 則連續兩天刊出批判陳總統的文章。八月十四日由該報專欄作家 Arnold Beichman（也是 Hoover Institution 研究員）撰文指出，陳總統八月三日的談話不但不能為台灣爭取到更大利益，同時也會影響美台之間盟友般的關係。Beichman 明白表示，對於全力準備攻打伊拉克的美國而言，陳水扁發表一邊一國論的時機，可說是差到不能再差，陳水扁接下來，應該避免在兩岸關係上製造新問題，以免對美國在全球反恐戰爭過程中，造成任何困擾[16]。第二篇於八月十五日由 William Rusher（*National Review* 發行人，曾有多次訪台經驗）發表說，陳水扁就任總統以來所處理兩岸關係的技巧，曾令許多國際觀察家印象深刻，但是他八三談話犯了一項外交上的大錯，除非這個錯誤能儘快的被改正過來，而且不再出現，否則這樣的談話，將會對「華府─北京─台北」三角關係帶來莫名的傷害。……無庸置疑陳水扁「一邊一國論」的談話，是對提升他在民進黨內的支持度是有幫助的，但這樣的談話不僅激怒中國，尤其是其中的強硬派份子，更重要的是，即便美國國內有許多支持台灣的人，但「一邊一國論」將使美國處理兩岸三邊的關係更為棘手[17]。八月下旬，*Business Week* 的亞洲版在則有專文指出，陳水扁選擇在世台會這樣的場合來發表「一邊一國論」，如果北京因此決定對台施以文攻武嚇

---

[15]　以下參照，周志偉，〈從「華府─北京─台北」三角關係檢視陳水扁總統的一邊一國論〉，《國家政策論壇》，創刊號，2002 年 10 月。

[16]　Arnold Beichman, "Turbulence in the Taiwan Straits: a Taiwan Referendum on independence is ill-times ",*Washington Times*, August 14. 2002.

[17]　William Rusher , "Diplomatic Miscue", *Washington Times*, August 15. 2002.

的話，結果很可能會提高陳水扁的國內支持度，並進而增加他在二
○○四年總統大選連任的機會；陳總統更深一層的考慮，也許是因
為「九一一事件」之後，北京與華府關係逐漸改善，江澤民與布希
的高峰會又將於十月二十五日布希德州的私人農場舉行，令陳總統
先表明其對台灣前途的立場，以免台灣的國家利益受到傷害[18]。

　　喬治城大學唐耐心（Nancy Tucker）教授也表示，美國對台政策
不致變動，但是「政策」是一回事，「態度」又是另一回事。美國歷
任政府當中，以現在的布希政府最支持台灣，可是一邊一國論，將
使得布希政府的核心成員，開始質疑台灣領導人的信用，「這些人覺
得，台灣這種做法不是我們願意見到的。」[19]范登堡大學教授奧爾，
雖肯定陳總統「一邊一國」反映了事實，但也認為此時美國正全力
處理國際恐怖主義的問題，無暇處理這種額外的、可能被解讀為挑
釁的狀況。[20]邁阿密大學政治系主任金德芳（June Dreyer）則認為，
台海兩岸是兩個分離而各具主權的實體，陳總統只是陳述事實，北
京不必過度反應[21]。

　　在美國多元價值理念下，陳總統的「一邊一國論」自是毀譽參
半。但華府再一次未被「事先告知」地突襲，短期在蔡主委的主動
說明平息，長期地，因不信任的負面影響，則就此開始。

---

[18]　Bruce Einhorn , Dexter Roberts ,and Stan Crock , "Taiwan's Angry Man", *BusinessWeek,* August 26,2002, 20-21.

[19]　〈唐耐心：美態度可能轉變考驗互信〉，*中國時報*，2002/08/08，2 版。

[20]　〈一邊一國時機拿捏與會學者不同調〉，*中國時報*，2002/8/23，2 版。

[21]　〈金德芳：一少二多化作茶壺裡風暴台灣少說幾句大陸多點耐性美國多些智慧〉，*中國時報*，2002/08/08，2 版。

第三節　台北危機處理

因為「兩國論」經驗，這一次，台北爭取主動。

一、主動說明

　　陳總統八月三日的談話立即引起了國內外高度的關切，為了緩和情勢，立即在隔天（四日）星期日上午，由邱義仁緊急邀約，府院黨決策首長聚集於行政院院長游錫堃官邸，先行研擬應變措施，並規劃各項作為。下午則趕赴總統官邸，參與總統主持的會議。會議中陳總統強調大陸政策的持續性，並確立三點基調：（一）繼續信守「四不一沒有」的承諾；（二）思考公投立法的重要性，並不代表現階段就要推動公民投票；（三）期待兩岸儘速恢復溝通對話。陳總統要求將化解華府的疑慮，列為首要工作。國安會指示黨政部門展開文宣攻勢，澄清「八三談話」指示陳述現狀，而不是改變現狀。外交部則訓令駐美代表處，緊急連繫安排蔡英文隨同游錫堃率領的中美洲訪問團前往紐約，隨後再轉赴華府，向美方決策官員說明「八三談話」的相關背景。與會之民進黨秘書長張俊雄，當天晚間，在民進黨和新聞界舉行溝通茶敘，對於兼黨主席的陳總統談話進行補充說明，「台灣自己的路」，就是台灣的民主之路、自由之路、人權之路和和平之路；強調「一邊一國」只是陳述現狀，不是要改變現狀，目的在捍衛中華民國主權、捍衛現狀，外界不必做出過多的解釋和不必要的聯想[22]。

22　《對話與對抗》，頁 119-120。

　　八月五日，陸委會主委蔡英文召開臨時中外記者會，代表政府就陳總統三日發表「一邊一國」談話後的兩岸政策，發表四點聲明：（一）政府大陸政策的主軸並沒有改變；（二）兩岸經貿政策的進程將會持續推展；（三）有建設性的兩岸互動關係未變；（四）我方不希望中共一再藉由採取破壞兩岸關係的作為，測試我方的政策底線。同時也轉述陳總統「三點補充說明」謂：「首先，陳總統表示，什麼是「走自己的路」。總統在八月三日談話明確提出「就是走台灣的民主之路、台灣的自由之路、台灣的人權之路、台灣的和平之路」，任何超過這項談話內容的詮釋，都不是他的本意，因此如果被解讀為是走回「台獨黨綱」或「獨立建國之路」，都是不正確的解讀。換句話說，總統要凸顯的是大陸的不民主、不自由、沒有人權、不愛和平，大陸跟台灣是有區隔的。

　　其次，什麼是「一邊一國，要分清楚」。總統希望強調的是，我們是一個主權獨立的國家，不屬於中華人民共和國，台灣不是別人的一部分，不是別人的地方政府、別人的一省，這是歷史事實，他只是對現狀的重申而已，目的在強調中華民國作為一個主權獨立的國家，不能被矮化、被地方化、被邊緣化。

　　最後，總統要清楚表達的是，我們是現狀的捍衛者，不希望我們現在享有的獨立、自主被破壞、被改變。任何企圖以「一個中國原則」、「一國兩制」的框架強加於我們的都要揚棄，我們在防禦性地預防或避免現狀被改變。台灣現狀是否要改變？不是任何一個國家、任何一個政府、任何一個政黨、任何個人可以替我們決定，只有兩千三百萬的台灣人民，才有權利對台灣的前途、台灣的命運和

現狀來作決定。[23]」隔天，陸委會再發表「陳水扁總統八月三日談話之說帖」[24]。

　　緊接著，兼民進黨主席的陳水扁總統六日主持該黨中常會時，對於他「一邊一國」的談話進行補充，指出所謂「一邊一國論」去頭去尾過度簡化，可能造成誤解；如果真要給一個比較簡單貼切的名稱，「主權對等論」應該比較符合完整的意旨。因為臺灣是一個主權獨立的國家，名稱叫做「中華民國」，不是別人的一部分、不是地方政府、更不能成為人家的「特別行政區」。其次，臺灣歷經殖民統治、威權體制，終於走出自己的道路，這一條路就是他所說的「民主之路、自由之路、人權之路、和平之路」。再其次，中共對臺灣的武力威脅和國際打壓從來沒有間斷、也沒有任何正當的理由。第四，民進黨面對海峽對岸的威脅，要堅持臺灣的立場，但是對於在野黨的批評及國內不同的意見，必須虛心包容、誠懇溝通[25]。

　　八月八日，蔡英文主委在駐美代表程建人陪同下，在華府國務院會晤副國務卿阿米塔吉，澄清：「一、陳水扁所說的『一邊一國』只是對台海現狀的陳述，並不代表大陸政策將有所調整；二、陳水扁所說『走自己的路』，意指要走台灣的民主之路、自由之路、人權之路和和平之路，並非要走台獨之路；三、陳水扁對於『公投立法』的宣示性談話，僅止於呼籲台灣各界『認真思考公民投票立法的重要性和迫切性』。[26]」強調，陳總統是在清楚表達台灣現狀，不希望

---

[23]　行政院陸委會，http://www.mac.gov.tw/big5/mlpolicy/ts910805.htm，2006 年 11 月 30 日。

[24]　《中共中央台辦國務院台辦新聞發言人就陳水扁鼓吹「台獨」發表談話》。

[25]　《中共中央台辦國務院台辦新聞發言人就陳水扁鼓吹「台獨」發表談話》。

[26]　《對話與對抗》，頁 123-124。

獨立主權與自主性被破壞、被改變[27]。九日，台美高層對話綿密互動下，傳出阿米塔吉表示『婉惜』，蔡英文向美方表示「道歉」的外電報導。蔡英文當天立即透過越洋電話，要求陸委會即刻於晚間發布新聞稿澄清[28]。

蔡英文主委的美國行，算是暫時化解了華府的疑慮，也化解了一場可能出現的風暴，但布希政府對陳總統的不信任，也從此開始[29]。

二、國內反應

在陳總統提出一邊一國後，TVBS 民調中心調查顯示，百分之五十四的民眾認同總統的說法，有六成二的民眾贊成用公投來決定台灣的前途。[30]聯合報民意調查發現，有四成七民眾認同兩岸一邊一國的說法，但也有五成認為沒有必要推動這項主張；五成九民眾贊成公投決定台灣前途，但也有五成四受訪者認為現階段沒必要舉辦。[31]中國時報民調則謂，六成四民眾憂心經濟受創，六成認為此舉造成社會民心不安，近半表示即使公投也不支持台獨，對陳總統處理兩岸關係表現不滿意度首度超越滿意度。[32]顯示了多元化的台灣，對此議題有明顯的正、反不同意見。

再依陸委會所收集的當時各項民調顯示(參見附錄三)，同意「一邊一國」這項說法者多於不同意者，部分民調之同意者甚至超過半

27　〈游揆蔡英文紐約澄清一邊一國〉，*中央日報*，2002/08/09，2 版。
28　〈一邊一國論，美接受解釋，蔡英文否認道歉〉，*台灣日報*，2002 年 8 月 10 日，1 版。
29　《對話與對抗》，頁 126；吳銘彥，〈美國國會對扁政府支持逐漸減少〉，*中央日報網路報*，2006 年 10 月 27 日。
30　〈54%認同一邊一國論〉，*中國時報*，2002/8/5，4 版。
31　〈公投決定台灣前途59%民眾贊成〉，*聯合報*，2002/8/5，2 版。
32　〈一邊一國台海掀波〉，*中國時報*，2002/8/6，4 版。

數。有不少民眾擔心這項講話所引發的後果，特別會引起兩岸關係的緊張，「但這正凸顯出我們的社會在凝聚國家定位共識的困難：雖然這是大家都知道，也是多數同意的事實，但最好是不要公開講出來。不過經過兩年多來的觀察，『一邊一國論』在這社會已經不是一項『禁忌』，不少民眾甚至在日常生活中朗朗上口。[33]」

而在野的國民黨主席連戰，批評一邊一國「是將臺灣二千三百萬人民，與台獨的火藥庫綁在一起」[34]。接著在八月七日中常會上指出，總統陳水扁的激進談話，明顯違背中華民國憲法，也提供中共一個大好機會，大肆宣傳對台灣的主權，但是，三十六小時內又大轉彎，簡直視治國如兒戲、施政如愚民[35]。國民黨人並分別以：不能以此改變國家體制、蔡英文赴美說明未顧及國家尊嚴、台獨兩國論自暴膚淺盲動[36]，予以批判。為此，國民黨某位副主席甚至建議罷免總統[37]。

親民黨主席宋楚瑜亦強調，陳總統和民進黨政府如企圖用公民投票去改變現狀，便是違背主流民意，不僅不能解決問題，更將製造問題；批評陳總統和民進黨這些年來，把複雜的兩岸問題，過度簡化為「愛不愛台灣」、「統獨問題」。前陸委會主委蘇起指出，「一邊一國說」時機不好，可能招來「外患」[38]。

---

[33] 陳明通，〈我國大陸政策的檢討與前瞻〉，頁 8，發表於「台灣安全新視野」研討會，台灣新世紀基金會主辦，台北，2004 年 12 月 18 日。

[34] 〈扁將 2300 人綁在台獨火藥庫〉，*中央日報*，2002/08/05，1 版。

[35] 〈台澎金馬優先反對台獨〉，*中央日報*，2002/08/08，2 版。

[36] 〈國民黨：反對台獨公投捍衛中華民國〉，*中央日報*，2002/08/07，4 版。

[37] 〈一邊一國言論風波〉，*台灣日報*，2002/8/8，4 版。

[38] 〈兩國論扁又做又說〉，*聯合報*，2002/8/5，2 版。

學者亦多有批評，分別有（一）「一邊一國論違憲，挑動中共動武威脅」[39]；（二）「以阿扁總統的言論對我國目前的外交處境來說，非但沒有十足的幫助，反而會引起國際與美國的疑慮」，而且「冒然破壞美中臺三邊關係的平衡，恐怕所帶來的將是台灣人民的不幸」[40]；（三）「造成高估美國、低估中共及誤判情勢，會為兩岸關係投下難測的變數」[41]；（四）「激發民粹滿足私慾，信口開河短線操作，使兩岸不信任感加劇」[42]；（五）「阿扁以『事實描述』區隔李登輝的『主張論調』，已明確定為『獨』」[43]。

但也有學者指出，「兩國論與一邊一國論，其實都是中國在社會上打壓臺灣的『挫折產物』。」[44]又「兩邊本來就是兩個國家，陳總統說一邊一國，乃是天經地義的事情」，公民投票的更深層意義，是處理「與對岸牽扯不清的『中華民國』國號」[45]

三、小結

台北對「一邊一國論」的危機處理，顯然受了「兩國論」的影響，預料到即將有大風波。因此第一時間即由陳總統親自主持定調，並派員赴美主動說明，迅速解決燃眉之急。

---

[39] 丘宏達，〈一邊一國論違憲兩岸新變數〉，*中央日報*，2002/8/4，2 版。

[40] 劉性仁，〈扁台獨路線轉趨激進〉，*中央日報*，2002/8/5，4 版。

[41] 潘錫堂，〈從中共回應一邊一國論對兩岸影響〉，*中華日報*，2002/8/6，2 版。

[42] 蔡瑋，〈一邊一國論全民焦慮感直線上升〉，*中央日報*，2002/8/5，3 版。

[43] 邵宗海，〈一邊一國論比兩國論更挑釁〉，*聯合報*，2002/8/5，5 版。

[44] 〈羅致政：中國打壓造就兩國論、一邊一國論〉，*台灣日報*，2002/8/6，3 版。

[45] 莊淇銘〈一邊一國，何需公投？〉，*台灣日報*，2002/8/6，9 版。

　　國內反應方面，雖然支持多於反對，但相較於「兩國論」，支持度顯然落後甚多。可見，與李前總統相比，陳總統在國內受有較大的阻力與困境。

第六章 　危機處理之比較

　　綜上所述，筆者整理出表六，比較台北對「兩國論」、「一邊一國論」危機處理之同、異如下表四，並就其原因分述如下：

表四：台北「兩國論」、「一邊一國論」危機處理之比較

比較			「兩國論」	「一邊一國論」
相同	內容	1	由台灣民選總統提出。	
		2	強調、描述兩岸分治現狀力主台灣主權地位。	
		3	未宣布「法理」上台獨。	
		4	民意大多支持。	
	處理	1	事先未知會華府，事後重視並著力與美方溝通。	
		2	提出時機，未經集體討論。	
		3	第一次正式官方說明，由陸委會主委以記者會方式提出。	
		4	事件停止點，均回到原先保守的說法：「兩國論」回到「一個中國、各自表述」；「一邊一國論」回到「四不一沒有」。	
		5	均有負面衝擊：「兩國論」使兩岸談判自此而停止；「一邊一國論」則是美方對陳總統不信任的開始。	
相異	內容	1	事先組織小組規劃、研究。	個人發表。
		2	包括大陸、外交政策及修憲。	強調公投立法。
	處理	1	記者會前總統未親自主持應變會議、定調。	記者會前總統親自主持應變會議、定調。
		2	被動受美方壓力。	主動向美方說明。
		3	主要在野黨（民進黨）支持。	主要在野黨（國民黨）反對。
		4	中共文攻武赫。	中共文攻。
		5	收回。	暫時停止，之後少講。

筆者製表（2006/12/31）

第一節　相同點

「兩國論」與「一邊一國論」有許多相同與雷同之處，分敘如下：

一、內容

　　首先，提出者均是台灣的「民選總統」。內容都強調、描述兩岸分治現狀，力主台灣主權獨立之地位，不過，在客觀環境壓力下，也都同時對現實妥協，未驟然宣佈「法理上台獨」。就「危機生命週期理論」而言，仍不免刺激「美」、「中」，渠等認為有改變現象的傾向，成為危機之危險因子，屬於危機醞釀期。

　　其次，從附錄二、三，兩次事件民意調查的結果看出，儘管有頗多民眾認為「不宜多說」，但主觀上仍然認同「兩國論」或「一邊一國論」，可見多數民意是支持的。台灣之民主體制下的「民選總統」，本於人民重視主權地位的心理下，客觀上既有民意的支持，主觀上則足以利用台灣社會之此項氛圍，一旦遇到對岸的壓力，可以選擇「訴諸民意」。

二、處理

　　兩次事件提出前，可說是危機處理得預防階段，但均未積極處理。就此，我們看出，在與華府的溝通通上，台北事先未知會美方，事後則著力於與華府溝通。當然，如果事先讓美國人知道，他們大概是反對居多，到時就無法提出；而且，兩次事件皆顯示，北京非常擔憂代表「外國勢力」的美國支持台獨，而台北事先未知會美方，適足以讓華府向北京交代。從這個角度看，事先未告知美方應無不

當。但從另一個角度看，因此影響台、美互信是否值得？即使是「進兩步退一步」[1]，如果「退一步」幅度太大，對台灣整體就未必有利了。

再就提出時機的決定，並未經過幕僚的參與、討論，由總統一人決定。「兩國論」事件，雖然之前組織了「強化主權小組」，加以研擬、規劃，但如前所述，小組成員並不主張在當時提出，原因之一是「修憲、修法的前提」條件，尚未完成。李前總統的提出，或可謂是「強化主權小組」意料之外。這或許說明了，台灣長久以來，決策過程集中在少數人手裡。事實上，領導人決策過程，一方面應該儘量諮詢相關部會意見，同時相關部會理應隨時保持跨部會的協調、溝通，以免彼此制肘，使各自業務的順暢，並提供總統適切的建議。基本上，只要在制度上作好措施，避免團體思考的盲點[2]，團體思考不失是避免危機決策錯誤的訣竅。因此，在欠缺團體思考下，在危機爆發後的處理期，就比較偏向「善後工作」了。

當「兩國論」、「一邊一國論」提出後，第一次正式官方說明，均由陸委會主委以記者會方式提出。顯示出兩次事件，都定位為與大陸政策有關的事件，由主管部門出面處理。

兩次事件停止點，都回到原先保守，北京、華府均能接受的的說法。即「兩國論」回到「一個中國、各自表述」；「一邊一國論」回到「四不一沒有」。這兩種說法尚有一個共同點，也就是都能在可預見的未來，保證台灣不宣布獨立、不改變台海現狀，勘足以令北京、華府放心。

---

[1]　〈民進黨：兩國論提出後台灣進兩步退一步〉，*自由時報*，1999 年 7 月 29 日，2 版。

[2]　朱延智，《危機處理的理論與實務》，頁 57-59，台北，幼獅，2001 年 1 月初版。

就國家利益的負面衝擊言,「兩國論」使兩岸談判自此而停止;「一邊一國論」則是美方對陳總統不信任的開始,均對於台灣整體利益造成不利。兩岸對話的停止,除了對大陸不利,同時台灣也是一項傷害。同時,彼此的不利益,似乎也看不出因此給另一方獲得好處。換言之,台灣並未因為大陸的損失而得利,反之亦然。學者於「兩國論」後就曾呼籲,兩岸應恢復對話,中共一可透過直接的、面對面的對話,消除對「兩國論」的疑慮;二則對話有良性的互動作用,避免擦槍走火;三以符合海內外人士,一致希望和平解決兩岸問題的期望等諸多好處[3]。兩岸至今卻因無法對話,好處拿不到,不利益則甚多。而華府對陳總統的不信任,則影響了布希政府對台北的支持,之前的大規模軍售、台灣高層在美國風光過境、時任國防部長湯曜明訪美等等,則因「一邊一國論」而關係下滑。可見,兩次事件在國家利益負面衝擊之觀察,是相同的。此部分,屬於「危機後遺症期」。即在兩次危機,表面上雖然落幕,仍嚴重減損國家利益。

第二節　相異處

同時,我們發現,「兩國論」與「一邊一國論」也有以下的不同:

一、內容

「兩國論」事前經過經過縝密的組織規劃,已如前述。而「一邊一國論」,即便有極少數核心幕僚事先知曉,或在陳總統心中長考

---

[3]　周繼祥,〈當前兩岸關係平議〉,《立法院院聞》,29 卷 1 期,頁 55,2001 年 1 月。

甚久，也是未經團體思考、討論，由陳總統在深受挫折後，對台海投下石頭，激盪起陣陣漣漪的個人之作。

　　陳總統強調「公投立法」，又不同於「兩國論」就大陸、外交政策及修憲、修法的全面挑戰。李前總統受訪時提出的「兩國論」，雖然並未就修憲、修法做闡釋，惟一旦提出，「強化主權小組」預設的，以修憲、修法為前提之步驟與意欲，也提早曝光。工程浩大已經不易完成，且在當時排山倒海的壓力下，不免要撤退收場。陳總統則在「一邊一國論」中，強調、描述兩岸分治現狀及力主台灣主權地位之外，夾了「要認真思考公民投票立法的重要性和迫切性」。這也許是「進兩步退一步」的預設戰果，事實也證明，「公民投票法」已經立法完成。

二、處理

　　「兩國論」事件，不論是危機之初的「應變會議」，或是辜振甫先生傳真稿之「擬稿會議」，李前總統都未親自主持。陳總統在「一邊一國論」的處理上，親自主持會議，並加以定調，在交由陸委會之記者會對外說明。就此而言，李前總統的領導風格，似乎較之陳總統有比較多的授權。在從另一個角度看，台北「兩國論」的處理，曾出現部會間意見不同，互相指責情事[4]，陳總統或許有鑑於此，而有親自定調的必要。

　　在與美方的溝通上，相較於「兩國論」時卜睿哲來台「興師問罪」，陳總統在極短時間決定派陸委會主委蔡英文，主動赴美向華府說明。

---

[4]　〈部會傳內訌，兩國論口徑不一〉，*台灣日報*，2002 年 7 月 22 日，4 版。

「兩國論」時，主要在野黨（民進黨）歡迎且支持；到了「一邊一國論」，主要在野黨（國民黨）嚴詞反對。顯示了台灣內部意見，從大概地一致，至於分立或對立。同時，就國內因素言，可見陳總統當時客觀條件，較李前總統有更多阻力與困境。

北京對「兩國論」，向台灣祭出「文攻武赫」；「一邊一國論」事件中，北京已經不再動用「武嚇」手段，只有「文攻」。這顯然也是經驗中得教訓。至少我們可以粗淺看出，之前的「武嚇」，並未得到預期的目標，徒增困擾又耗費人力物力，真謂得不償失。

「兩國論」的最後收回，回到「一中各表」；「一邊一國論」則透過不斷解釋「事實描述」、「不是台獨」、「沒有改變現狀」，又宣示「四不一沒有」未變，但並無修正或讓步的跡象，短期間是暫時停止，之後少講。

第三節　小結

從「兩國論」與「一邊一國論」之相同點與相異點再比較，有極為相同的基本點，在「危機生命週期」上尤其相似。北京方面即直指，「一邊一國」與「兩國論」是一脈相承[5]。其相異處，則是前後兩位總統個人領導風格、客觀環境不同，加上「兩國論」經驗做了「一邊一國論」的前車之鑑，因此有「危機處理期」之技術性的調整。因此相較之，「兩國論」與「一邊一國論」的相同有大於相異的現象。同時，關於朱延智先生《危機處理的理論與實務》一書中，

---

[5]　〈錢其琛會見全非洲中國統促會訪問團時談台灣問題〉，**人民日報**，
　　2002/08/22。

所提到的「危機生命週期理論」的五個階段，在「兩國論」與「一邊一國論」危機處理中，得到了印證。

又於維護國家利益的觀點考量，我們也察覺，在幕僚不夠，甚至完全沒有的決策方式下，事先既未經規劃、推演，事後均嚴重損害國家利益。

「兩國論」提出後，在負面上重創兩岸關係。而「一邊一國論」的提出，除了對兩岸關係未有改善，且損及台、美互信。就此客觀現象而言，台灣的國際處境，不免有下降趨勢。

第七章 結論

綜上所述，本文除了有四個方面的結論外，尚有待釐清爭點。

第一節 本文結論

以下是「兩國論」、「一邊一國論」、兩次危機之比較及台灣主權環境四個方面的結論。

一、「兩國論」

以上觀察，呈現出「特殊的國與國關係」原創意涵，及爆發原因如下：

（一）原創意涵

「兩國論」之「特殊的國與國關係」一詞，極有可能是源於當時任職台大之許宗力教授所創。此項憲法學者長期研究，所獲致的「特別建議」，起初應無推動「台獨」，或挑釁北京、華府之意圖。實乃因於中華民國一九九一年修憲以來，所堆積的憲政秩序之事實，加上世界上又不乏其例，而基於憲法學研究之確信，「依法論法」所提出。

（二）爆發原因

李前總統提出「兩國論」，似乎並未立即激化北京、華府的強烈反應。爆發之前，先有七月十日辜振甫先生的談話，被媒體解讀為

「國與國關係」引起汪道涵先生的震驚；接著七月十二日報紙報導政府即將修憲、修法，並具體地列出清單；加上當天下午陸委會主委蘇起記者會中，宣稱打破「一個中國」的迷思，被解讀為台北已拋棄「一個中國」。四項因素加在一起，起了爆炸性的變化。如果只是李前總統提出「兩國論」一項因素，不免令人懷疑，結果是否會相同。

意外地，憲法學者之「特殊的國與國關係」的學術觀點，轉變成政治意味濃厚的「兩國論」。又意外地，集合四項因素，起了化學性的強烈反應，質變了台海兩岸與台、美、中三邊關係。

二、「一邊一國論」

其次，「一邊一國論」也有以下情事：

（一）情理之中

李前總統主政下，強調「中華民國」，並訂下國統綱領，設有國統會，不意驟然提出「兩國論」，引起了轉向的震撼。相較之，陳總統早有「一邊一國」之說，加上民進黨黨綱的台獨屬性，令人感到其提出「一邊一國論」，並不意外，可謂情理之中。尤其，「公投立法」的強調，正與其台灣前途由二千三百萬人民決定的一貫主張相吻合。

（二）回敬善意

北京不理會台北的善意，緊閉談判之門，且把握時機，加以打擊，促使陳總統以「一邊一國論」加以反撲。原先，陳總統有在現

實壓力下，就職時提出「四不一沒有」政策，加上「統合論」的讓步，一再呼籲儘速恢復兩岸對話的機制，開啟協商的大門，釋出種種善意。而北京不僅不回應，且回敬「諾魯事件」，成了「一邊一國論」的導火線。

當時最有可能的情形是，陳總統提出「一邊一國論」固然不令人意外，但北京打擊台北的善意，則加深了兩岸鴻溝。

三、兩次危機之比較

再從台北危機處理兩次事件的作為比較，觀察到，其主觀上縱有調整與相當程度的改進，仍有諸多相同的客觀環境限制，及不當的決策慣性，分述如下：

（一）前車之鑑

台北因「兩國論」的經驗學習，在危機處理「一邊一國論」時，主觀的認知上，有明顯的進步。依陳總統「一邊一國論」內容，把目標設在「公投立法」，較「兩國論」之「修憲、修法」容易達成。再立即於提出後隔天，親自主持應變會議，加以定調，分配權責，並避免部會間意見不同；又指派陸委會主委蔡英文，主動到華府，向美方說明，獲得布希政府的「姑且相信」，減輕來自於華府的壓力。因此，也讓陳總統在其《相信台灣》一書中，自詡並未退縮地收回「一邊一國論」。

（二）客觀限制

　　兩次危機處理的客觀環境限制，基本上甚多，又頗為類似。在國外方面，同樣面臨華府壓力，及北京的封殺。國內方面，雖然都有多數民意的支持，但「兩國論」時，仍有少數政黨之新黨大加批評，及百餘學者籲請停止推動「兩國論」；「一邊一國論」時，主要反對黨之國民黨批判尤甚，且不少民眾擔心這項講法的後果，認為「最好不要講出來」。國內環境方面，仍存有歧見，尚待處理。

（三）欠缺團體思考

　　兩次危機發生的時間點，均臨時由國家元首「獨自引爆」。事先缺乏幕僚詳盡、全面的規劃，做各種可能性的評估作業。尤其風險管理上，本應預先判斷，擬定方案，以因應各種可能的衝擊。並比較利弊得失，權衡有利時機。但我國自兩位蔣總統以來，傳統決策作業方式，存在著濃厚的個人化色彩。李前總統與陳總統，均不免難脫此項慣性。如此欠缺團體思考的決策模式，就國家利益考量上，恐有不利影響。

　　在客觀環境未有重大改變之下，雖然透過主觀上技術性的調整，仍無法抵擋來自客觀壓力的衝擊。尤其，決策過程中，欠缺團體思考，關照面向即難期週延。

四、台灣主權環境

　　最後，從另一個角度，尚可省視台灣的主權環境如下：

（一）關鍵華府

華府一方面不願看到北京的武力恫嚇，引發台海的危機；一方面也不希望台北的利用主權事實獨立之主張，進一步向法理台獨邁進。在兩次事件中，華府扮演了決定性平息危機角色。就此而言，台北、北京均不得不重視，且受限於華府的態度。在客觀上，北京與華府有正式邦交，自然容易溝通；主觀上，北京又意識到必需「聯美制台」，因此比台北更為積極。台北客觀上的居於下風，並不易改變。唯有在主觀上，比北京主動，或許才有機會扭轉頹勢，以爭取美方更大的支持。

（二）北京調整

北京以「文攻武嚇」因應「兩國論」，以「文攻」因應「一邊一國論」，顯示其對台策略的調整，可能也是經驗的學習。儘管「一邊一國論」時，北京「文攻」頻率提升甚高，但少了「武嚇」之「文攻」，仍係由「剛」轉「柔」的調整，有利於爭取台灣民心。同時「武嚇」也極易引起華府強烈反應，如果造成武力對峙情勢，於北京未必有利。此外，也可以粗淺推論，北京文人政府，對軍方控制已經提升。從北京進步的調整看，其對台政策更顯細膩，使台北在主權議題上更加困難。

（三）法理台獨的障礙

由「美」、「中」給予台灣的客觀環境，似可看出，在短期的未來，並不利於宣布台灣獨立。換言之，台灣宣布中共所強調的法理上獨立的條件，短時間內不易成就。兩次事件也顯示，即使退而求

其次地,「強化中華民國主權」、宣示「台灣事實與現狀是主權獨立國家」,仍無法被「美」、「中」接受。好比旅客太接近火車月台邊緣,站務人員立即吹哨警告,拉回遠離,如此站務人員才會安心。

(四)勉力爭取主權

但「中華民國──台灣是一個主權獨立的國家」,畢竟是事實與現狀。在沒有國際強力的支持下,台灣兩任總統,仍然做了的二次行動與宣示。事後雖然因為外界壓力,不得不暫時退縮,但基於人民主權之民主理念結構,只要台灣人民認同自己的「主權國家地位」,並冀望不減,且予以支持,未來,就不排除台灣的「民選總統」,會再爭取各種機會,以各種方式來強化。這同時也可能是下一次危機生命週期的「高危險因子」之醞釀。筆者淺見,我們不訪先予以設想,至少將此項「高」危險因子降低,預防性地積極危機處理。

台灣現實上擁有獨立主權,實際上則受到強大的壓抑,兩件事實的交錯,形塑了台灣的主權環境。突破的方式,除了強化人民的主權認同外,爭取美方強而有力的支持,並設法降低其衝擊性,或許是關鍵所在。

第二節　待釐清爭點

基於研究的限制,本文謹整理以下未能確定之爭議點:

一、七月十二日下午，陸委會蘇主委的記者會前是否有應變會議？

　　有三種說法。（一）、根據蘇起先生在《危險邊緣：從兩國論到一邊一國》書中的說法，當天上午，殷宗文秘書長在國安會召開緊急會議，蔡英文、張榮豐、林碧炤及相關國策顧問、國安會副秘書長均在座。會議確認下午記者會的發言內容，包括書面聲明的每一個字，作為兩國論發表後第一個官方聲明；且蔡英文、張榮豐、林碧炤等人均推辭擔任對外窗口，以致由當時職司大陸工作的蘇主委，「暫時不計個人毀譽與信念」地抗起責任[1]。（二）、《李登輝執政告白實錄》書中則表示：「記者會之前，蘇起曾個別與府內若干熟識的官員聯繫商議，總統府當天並未就此召開高層會議確認，因此完全屬於陸委會的行政裁量範圍」[2]；且應變會議日期是七月十四日[3]。（三）、王銘義《對話與對抗》書中記載說：張榮豐事後接受媒體訪問強調，「國安會的研究計畫、工作日誌都留有完整檔案紀錄，蘇起指控他們躲在背後，並非事實。國安會在七月十三日（星期二）即由殷宗文秘書長主持應變會議，並由他負責撰寫應變計畫，關鍵是蘇起在前一天（七月十二日），國安會仍未召開應變會議前就先行召開記者會，還向媒體強調不再有『一個中國』，才引起華府震怒，並點名蘇起不適任。『蘇起自己衝過頭，這是他自己闖的禍。』[4]」

　　如果是（一）說法，則顯示當時幕僚各有盤算，對「兩國論」理念分歧，或許就是幕僚不同心之處理不當，而升高危機。如為（二）

---

[1]　《危險邊緣：從兩國論到一邊一國》，頁 88-90。
[2]　《李登輝執政告白實錄》，頁 239。
[3]　《李登輝執政告白實錄》，頁 232。
[4]　《對話與對抗》，頁 249。

說法，可見李前總統當時尚不認為有非常嚴重危機，只要按各機關本其權責處理即可，對陸委會也沒有特別的指示。（三）說法，自是反駁蘇起的說法，顯示蘇起有推卸責任之嫌。

二、陸委會八月一日說帖有無經過「擬稿會議」？

有兩種說法。（一）、根據蘇起先生在《危險邊緣：從兩國論到一邊一國》書中的說法，七月三十日殷宗文秘書長主持的「擬稿會議」，除了確認辜振甫先生傳真海協會的談話稿外，蘇起教授表示：「辜文（即談話搞）發出後，危機小組持續集會，決定續由陸委會發表說帖，進一步說明我方立場[5]。」（二）、《李登輝執政告白實錄》書中則表示：「陸委會突然在八月一日星期天下午無預警的又公佈了一份說帖」，這份說帖是「臨時在事前以傳真方式給多位府內官員過目後即對外發表。」使外界認為政府一退再退已經失去了原則；總統府內部認為，「擬稿會議」是就「談話稿」而來，並未就「說帖」有所討論[6]。

如果是（一）說法，顯示幕僚討論的一致意見，先以談話稿之「一個中國，各自表述」試探海基會，經海基會退回的強烈反應後，再以「政策未變，自不存在所謂修憲、修法、修改國統綱領的問題」讓步。如為（二）說法，可見蘇起主委係自作主張，逸脫了會議討論範圍。

---

[5]　《危險邊緣：從兩國論到一邊一國》，頁 112。
[6]　《李登輝執政告白實錄》，頁 247-248。

三、李前總統何時決定收回「兩國論」？

依前所述，及《李登輝執政告白實錄》書中之明示[7]，在「兩國論」事件中，李前總統確實由原先「兩個國家」，先修正到「一個中國是未來」，再退到雙十文告的「兩岸對一個中國原則看法不同」，證明陳總統所言不虛，李前總統有收回「兩國論」的動作。惟收回的轉捩點何在，無法進一步確定。我們或許可以猜測，有三種可能：一是七月十三日張戴佑卸職前與李前總統辭行之會，二是卜睿哲七月二十至二十五日的來台「了解之旅」，三是其他未公開的台、美會談。

以上爭點，以目前的文獻資料，尚無法予以認定。就此，本文仍整理不同說法，做為相關資料一旦解密公開後，進一步判斷的參考。

---

[7]　《李登輝執政告白實錄》，頁 258。

參考文獻

一、中文部份

（一）書籍

王銘義，《對話與對抗》，台北，天下遠見，2005 年 1 月一版。

行政院大陸委員會，《李總統登輝特殊國與國關係中華民國政策說明文件》，1999 年 8 月。

行政院大陸委員會，《政府大陸政策重要文件》，台北，2004 年 11 月 12 版。

朱延智，《危機處理的理論與實務》，台北，幼獅，2001 年 1 月初版。

李登輝、中嶋嶺雄合著，《亞洲的智略》，台北，遠流，2000 年 11 月初版　刷。

林中斌，《以智取勝》，頁 437，台北，國－防部史政編譯室，2004 年 8 月。

邱強口述，張慧英採訪撰述，《危機處理聖經》，台北，天下遠見，2003 年 8 月 10 口　版第 16 次印行。

陳水扁，《相信台灣》，台北，圓神，2004 年 1 月初版。

許宗力等箸，《兩國論與台灣國家定位》，台北，學林，2000 年 5 月一版。

張同瑩、馬勵、張定綺合譯，《台灣有沒有明天？台海危機美中台關係揭密》（原書名：*Crisis in the Taiwan Strait*），李潔明（James R. Lilley）、唐思（Chuck Downs）合編，台北，先覺，1999 年 2 月。

國務院台灣事務辦公室編，《「兩國論」批判（一）》，北京，九洲，1999 年 8 月 1 版。

國務院台灣事務辦公室編，《「兩國論」批判（二）》，北京，九洲，
　　1999 年 8 月 1 版。

國務院台灣事務辦公室編，《「兩國論」批判（三）》，北京，九洲，
　　1999 年 9 月 1 版。

國務院台灣事務辦公室編新聞局編，《陳水扁「一邊一國論」批判
　　（一）》，北京，九洲，2002 年 9 月 1 版。

鄒景雯，《李登輝執政告白實錄》，台北，印刻，2001 年 5 月初版。

劉國基編《兩國論全面觀察》，海峽學術，台北，1999 年 12 月。

蘇起，《危險邊緣：從兩國論到一邊一國》，台北，天下遠見，2003
　　年 12 月一版。

（二）論文

周繼祥，〈〈一個中國的原則與臺灣問題〉白皮書發表後的兩岸關係
　　發展〉，《立法院院聞》，28 卷 4 期，2000 年 4 月。

周繼祥，〈兩岸應早日恢復對話〉，《交流》，第 54 期，2000 年 12 月。

周繼祥，〈當前兩岸關係平議〉，《立法院院聞》，29 卷 1 期，2001 年
　　1 月。

周志偉，〈從「華府─北京─台北」三角關係檢視陳水扁總統的一邊
　　一國論〉，《國家政策論壇》，創刊號，2002 年 10 月。

林中斌，〈Tactical Adjustment and Strategic Persistence（北京對台政
　　策戰術靈活和戰略堅持)〉，《國家發展研究》第二卷第一期，台
　　灣大學國家發展研究所，2002 年 12 月。

林霨（Dr. Arthur Waldron），〈回歸基本面：兩岸關係的美國觀點〉，
　　收於《台灣有沒有明天？台海危機美中台關係揭密》（原書名：
　　Crisis in the Taiwan Strait）。

李潔明（James R. Lilley）、唐思（Chuck Downs）合編，台北，先覺，
　　1999 年 2 月。

許宗力，〈兩岸關係法律定位百年來的演變與最新發展──台灣的角
　　度出發〉，《月旦法學》，第 12 期，1996 年 4 月 15 日。

陳鴻瑜，〈在「一個中國」與「兩國關係」之間：特殊的國與國關係〉，
　　《政策月刊》，第 50 期，1999 年 9 月。

陳明通，〈我國大陸政策的檢討與前瞻〉，發表於「台灣安全新視野」
　　研討會，台灣新世紀基金會主辦，台北，2004 年 12 月 18 日。

張顯超，〈從「兩國論」析主權爭執及兩岸前景〉，《遠景季刊》，第
　　一卷第一期，2000 年 1 月。

蔡成聖，《從人民日報對台報導之變化檢視中共對台政策　　以兩國
　　論與一邊一國為例》，淡江大學大陸研究所碩士論文，2003 年。

（三）網路資料來源

行政院大陸委員會，http://www.mac.gov.tw/。

台灣安全研究中心，http://www.taiwansecurity.org/。

人民網，http://www.people.com.cn/。

（四）報紙專論與報導

王綽中，〈處理兩國論，中共寄望美助力〉，《中國時報》，1999 年 7 月
　　25 日，14 版。

丘宏達，〈一邊一國論違憲兩岸新變數〉，《中央日報》，2002/8/4，2 版。

林中斌，〈平行協調〉，《中國時報》，2005 年 3 月 15 日，A4 版。

林治波,〈日本─中國統一臺灣的另一個障礙〉,*人民網*,2004 年 7
　　月 21 日,http://www.people.com.cn/GB/guandian/1036/2653446.
　　html。

邵宗海,〈一邊一國論比兩國論更挑釁〉,*聯合報*,2002/8/5,5 版。

吳銘彥,〈美國國會對扁政府支持逐漸減少〉,*中央日報網路報*,2006
　　年 10 月 27 日。

陳隆志,〈台灣,中國,一邊一國〉,*自由時報*,1998/05/13,11 版。

莊淇銘,〈一邊一國,何需公投?〉,*台灣日報*,2002/8/6,9 版。

蔡瑋,〈一邊一國論全民焦慮感直線上升〉,*中央日報*,2002/8/5,
　　3 版。

劉性仁,〈扁台獨路線轉趨激進〉,*中央日報*,2002/8/5,4 版。

潘錫堂,〈從中共回應一邊一國論對兩岸影響〉,*中華日報*,2002/8/6,
　　2 版。

〈一邊一國論,美接受解釋,蔡英文否認道歉〉,*台灣日報*,2002
　　年 8 月 10 日,1 版。

〈一邊一國台海掀波〉,*中國時報*,2002/8/6,4 版。

〈一邊一國言論風波〉,*台灣日報*,2002/8/8,4 版。

〈一邊一國論華府表立場美不支持台獨聽信我方解釋〉,*中國時報*,
　　2002/08/09,4 版。

〈一邊一國時機拿捏與會學者不同調〉,*中國時報*,2002/8/23,2 版。

〈54%認同一邊一國論〉,*中國時報*,2002/8/5,4 版。

〈大陸學者指變本加厲〉,*明報*,2002/8/4,15 版。

〈大陸專家:一邊一國非常嚴重〉,*中央日報*,2002/8/5,4 版。

〈中共可能武力回應兩國論〉,*中國時報*,1999/8/14,2 版。

〈中共中央台辦國務院台辦新聞發言人就陳水扁鼓吹「台獨」發表談話〉，*人民日報*，2002/08/06。

〈不改兩國論，影響台海穩定〉，*中國時報*，1999 年 7 月 21 日，2 版。

〈公投決定台灣前途 59%民眾贊成〉，*聯合報*，2002/8/5，2 版。

〈台不收回「兩國論」，汪不訪台〉，*文匯報*，1999 年 7 月 31 日，A1 版。

〈台執行兩國論，北京震怒〉，*明報*，1999 年 7 月 13 日，A2 版。

〈台澎金馬優先反對台獨〉，*中央日報*，2002/08/08，2 版。

〈民進黨：兩國論提出後台灣進兩步退一步〉，*自由時報*，1999 年 7 月 29 日，2 版。

〈北京：不容「台獨」〉，*大公報*，2002/08/05，A1 版。

〈危險的挑釁——評陳水扁的分裂言論〉，*人民日報*，2002/08/07。

〈百餘學者籲停止推動兩國論〉，*聯合報*，1999 年 7 月 19 日，4 版。

〈金德芳：一少二多化作茶壺裡風暴台灣少說幾句大陸多點耐性美國多些智慧〉，*中國時報*，2002/08/08，2 版。

〈受李登輝「兩國論」衝擊，台股市重挫二五九點〉，*大公報*，1999 年 7 月 14 日，A6 版。

〈兩國論衝擊兩岸關係定位〉，*台灣日報*，1999 年 7 月 12 日 1 版。

〈兩國論後共軍曾進行兩棲登陸演習〉，*台灣日報*，1999 年 11 月 1 日，2 版。

〈兩國取代兩區，將既有事實予以法律化，精省後，又一項重大改革〉，*自由時報*，1999 年 7 月 12 日，2 版。

〈兩國論扁又做又說〉，*聯合報*，2002/8/5，2 版。

〈扁將 2300 人綁在台獨火藥庫〉，*中央日報*，2002/08/05，1 版。

〈美呼籲兩岸儘快重啟對話美主動向中共說明與扁會晤內容〉，*聯合報*，2002/08/08，1 版。

〈美重申一個中國政策〉，*人民日報*，2002/08/07，三版。

〈香港輿論撻伐「台獨」言論〉，*人民日報（海外版）*，2002/08/07。

〈唐耐心：美態度可能轉變考驗互信〉，*中國時報*，2002/08/08，2 版。

〈陳水扁：兩岸將朝「一邊一國」發展〉，*聯合報*，1995/09/24，2 版。

〈陳水扁：台灣、中國，一邊一國〉，*中國時報*，1998/06/16，4 版。

〈陳水扁：兩岸一邊一國立場不變〉，*台灣日報*，1999/11/14，2 版。

〈陳隆志籲推行以台灣為主體外交〉，*自由時報*，2000/04/09，4 版。

〈部會傳內訌，兩國論口徑不一〉，*台灣日報*，2002 年 7 月 22 日，4 版。

〈國民黨：反對台獨公投捍衛中華民國〉，*中央日報*，2002/08/07，4 版。

〈陸士達要求中共克制，恢復磋商〉，*聯合報*，1999 年 7 月 24 日，3 版。

〈游揆蔡英文紐約澄清一邊一國〉，*中央日報*，2002/08/09，2 版。

〈堅持一邊一國勿蹈一中陷井〉，*自由時報*，2000/03/20，15 版。

〈錢其琛會見全非洲中國統促會訪問團時談台灣問題〉，*人民日報*，2002/08/22。

〈傳數十位中共將領請戰〉，*中國時報*，1999 年 7 月 18 日，14 版。

〈總統五點表示海協會評擊〉，*聯合報*，2002/8/8，2 版。

〈羅致政：中國打壓造就兩國論、一邊一國論〉，*台灣日報*，2002/8/6，3 版。

二、外文部份

林中斌，〈Tactical Adjustment and Strategic Persistence（北京對台政策戰術靈活和戰略堅持）〉，《國家發展研究》第二卷第一期，台灣大學國家發展研究所，2002 年 12 月。

Arnold Beichman, "Turbulence in the Taiwan Straits: a Taiwan Referendum on independence is ill-times ",*Washington Times*, August 14. 2002.

Bruce Einhorn , Dexter Roberts ,and Stan Crock , "Taiwan's Angry Man", *BusinessWeek,* August 26,2002,.

Mainland Affair Council ,*TAIPEI SPEAKS UP: SPECIAL STATE-TO-STATE RELATIONSHIP Republic of China's Policy Documents*（Taipei,1999/9）.

Richard C. Bush, *Untying the Knot: Making Peace in the Taiwan Strait*（Washington D.C.: Brookings Institution,2005）.

"U.S. Backs 'One China' Policy Despite Taiwan Shift", *Reuters* , July 12. 1999.

William Rusher , "Diplomatic Miscue", *Washington Times*, August 15. 2002.

Seth Faison , "Taiwan President Implies His Island Is Sovereign State", *New York Times* , July 13. 1999.

附錄一：台北「兩國論」、「一邊一國論」危機處理大事紀要

（時間：1998年7月至1999年10月；2000年3月18日至2002年8月20日）

資料來源：1.王銘義，《對話與對抗》；2.陳水扁，《相信台灣》；3.鄒景雯，
《李登輝執政告白實錄》；4.蘇起，《危險邊緣：從兩國論到一邊一國》。

時間	台北	華府	北京
1998/7			柯林頓訪問北京，並在上海提出「新三不」。
1998/8	李前總統在國安會成立「強化中華民國主權國家地位」小組，召集人蔡英文，顧問張榮豐，陳必照，林碧炤。		
1999/2	「強化主權小組」向國安會秘書長殷宗文第一次簡報。		
1999/5	「強化主權小組」研究報告完成，並建議：修憲、修法、廢除國統綱領。		中共駐南斯拉夫大使館被北約聯軍之美國軍機轟炸。
1999/6	國安會向總統彙報「強化主權小組」研究報告；蔡、張、林向蘇起，胡志強說明相關研究結論。		
1999/7			月初爆發「法輪功事件」衝突。

1999/7/9 （星期五）	<u>11</u> 時許李前總統接受德國之聲專訪提出「特殊的國與國關係」之「兩國論」。		
1999/7/10	上午召見總長湯曜明，指示加強外島警戒。 辜振甫於嚴復先生全集發表會，回答記者「兩岸之間，我們堅持的是對等，它是什麼，就是什麼。」被媒體解讀為「國與國關係」。		
1999/7/11			晚<u>上</u>中共中台辦、國台辦發言人：嚴正警告台灣分裂勢力，立即懸崖勒馬，放棄玩火行為。
1999/7/12	下午陸委會主委蘇起召開記者會。	國務院第一次記者會：李總統有權發表自己的看法，美國希望兩岸對話持續進行。	中共外交部又點名批李。一系列文攻開始。汪道涵透過《人民日報》表示震驚，希望辜先生予以澄清。唐樹備在香港撻伐兩國論。
1999/7/13	股市應聲（港媒）重挫，匯市出現震盪坡動。 <u>11 點</u>，AIT 處長張戴佑向李前總統辭行，經李「澄清」，張表示「理解」台灣立場，返美後將轉達國務院。	國務院副發言人記者會：言詞加劇，重申一個中國政策，要求兩岸不要在發表談話，且不客氣表示，美國政府將透過外交管道請台北澄清近日提出的兩岸關係新定義。	香港媒體：中共將進行軍事演習，及大量報導諸如數十名將領聯名上書請戰、中共潛艇潛伏於我港口外海、中共隨時準備攻下我某小島等聳動消息。

1999/7/14	總統府由殷宗文召集會議*1，擬 1.辜振甫適時出面對海協會做出回應 2.各有關部門應積極進行國際文宣與說明。行政院長蕭萬長：與彭淮南、邱正雄商討穩控股匯市有效作為。	國務院發言人記者會，他不僅多次重申「一個中國」，而且進一步提到台北最不喜歡的「新三不」，表示李先生的言論與中共的反應均無助於雙方對話。	
1999/7/15			第一線戰機開始出進頻率大幅提昇逼近台海中線，殲8與蘇愷27夾雜其中；南京福建濟南軍區人員召回休假達數月，惟部隊無異常調動集結。
1999/7/16			二炮部隊開始實施戰備至9月份。
1999/7/18		柯林頓透過熱線，向江澤民表示，美國「一個中國」政策不變，中國可以完全相信美方歷次發表的談話。	
1999/7/20	李第二次補述（接見國際扶輪社社員時）——修飾稱現在不是「一個中國」，同時保留「一個中國」的未來性，企圖就局勢進行減壓。	國務卿歐布萊特宣布派遣國安會亞太事務資深主任李侃如、亞太助卿陸士達赴北京；AIT理事主席卜睿哲赴台北進行面對面溝通、了解。	中共外交部在記者會中指稱，不接受李前總統措詞上修改；要求辜振甫澄清依然有效。

---

*1　依鄒景雯，《李登輝執政告白實錄》說法，另蘇起，《危險邊緣：從兩國論到一邊一國》表示應是7月12日上午；王銘義，《對話與對抗》引述張榮豐先生表示係7月13日上午。

1999/7/21		柯林頓首度提出「三個支柱」──認知一個中國、期望兩岸對話、和平解決分歧──的說法。	
1999/7/22		AIT理事主席卜睿哲來台。	815 導彈旅在福建龍巖、漳平一帶機動演習。
1999/7/23	下午 1730 李前總統接見卜睿哲。		
1999/7/24	政府部門向卜睿哲做簡報，我方同意將「特殊國與國關係」解釋為「一個中國、各自表述」的進一步演繹。對此，卜睿哲表示可以接受		
1999/7/25		卜睿哲離台聲明，強調他不是來調停或是來施壓，而是來了解。	戰機越台海中線5公里。
1999/7/27	晚上，李在台北賓館宴請 23 縣市正副議長，說明兩國論；並安排系列下鄉行程，訴諸民意。		
1999/7/30	殷宗文主持的「擬稿會議」折衷版出爐，辜振甫以談話稿的方式於 14：01 傳真海協會。		戰機越中線 10 公里。海協會第一時間 17：00 回傳表示拒收。並致函拼擊
1999/7/31			江澤民致函柯林頓，要求：1.美國應該強迫李登輝收回兩國論；2.停止對台軍售；3.壓迫李登輝與中共進行談判。

1999/8/1	晚間，陸委會發表「特殊的國與國關係」政策說帖*2。		
1999/8 上旬		美國政府「反警告」，假若中共對台灣採取行動，將招來美國的報復。	中共透過駐美使館官員向美國提出「警告」，中國可能採取軍事行動懲罰台灣。
1999/8 中旬	李前總統不得不考慮現實問題，決定放棄修憲、修法之原議。	柯林頓回函江澤民，表達他：不支持特殊兩國論；鼓勵兩岸進行政治對話；不同意停止對台軍售。	
1999/8/13			陳雲林經由新華社示警：如果台灣方面根據兩國論修憲、修法，「和平統一」將變為不可能。
1999/9/3	李前總統軍人節書面賀詞更難得地提到國家統一綱領，強調大陸政策沒有改變。		
1999/9 上旬	丁懋時奉命前往美國進行高層對話時，正式向美方傳達，台灣的大陸政策並未改變，因此未來不會進行修憲與修法，國統會與國統綱領也將繼續運作。		

---

*2　蘇起，《危險邊緣：從兩國論到一邊一國》表示此有「擬稿會議」確認，鄒景雯，《李登輝執政告白實錄》表示「擬稿會議」未討論及此。

日期			
1999/9/11		柯、江會在紐西蘭登場，柯林頓重申「一個中國」，未提「三不」，強調美國將遵守台灣關係法，提供防禦性武器給台灣，其餘未回應。	江澤民提出汪道涵訪台2原則：1.李登輝收回兩國論；2.李登輝需以國民黨主席身分接待。並反對美國將台灣納入戰區飛彈防禦系統，並要求柯林頓阻止國會通過售台先進武器的法案。
1999/9/17	陸委會副主委林中斌赴美說明。		
1999/9 中旬		聯合國總務委員會討論我國入會案時，美國代表發言反對（美國第一次不用「沉默」而用「反對」來表達立場）。	
1999/9/21			地震後不到十小時，江澤民下令，全面暫停對台軍演，二炮停止對台導彈試射，投入慶祝國慶活動。
1999/10/10	李前總統國慶談話，大陸政策再度回到原點（一中各表）。		
……			
2000/3/18			中台辦、國台辦發表陳總統就職前聲明，定下「聽其言，觀其行」。
2000/5/20	陳總統就職演說，提出兩岸共同處裡未來「一個中國」的問題，以及「四不一沒有」等善意訊息。		
2002/5/9	陳總統「大膽宣言」。		

2002/7/21	陳總統宣誓就職兼任DDP黨主席演說重申「大膽宣言」，同時刻意加入「走自己的路」，回應中共「諾魯建交事件」。		中共外交部在香港與諾魯秘密簽署建交公報。
2002/8/3（星期六）	陳總統在「世台會」以視訊致賀詞發表「一邊一國論」。		
2002/8/4	上午邱義仁召集相關核心人物，在行政院長游錫堃官邸先行研擬規劃應變作為。下午在總統官邸召開官邸會議，確立基調三點。		外交部重申新三段論的「一個中國」的立場。一系列「文攻」開始。
2002/8/5	蔡英文主委記者會宣讀四點聲明，並轉述陳總統三點補充說明。	國務院發言人表示「一個中國」政策未變，關注兩岸問題和平解決；同時命駐北京大使雷克向北京外交部官員說明，並保證華府的「一個中國」政策未變。	中台辦、國台辦發言人表示：嚴正警告台灣分裂勢力，不要錯判情勢，立即懸崖勒馬，停止一切分裂活動。
2002/8/6	下午陳總統在DDP中常會做出四點政策指示（第二次補充說明）。		
2002/8/7		國家安全會議發言人記者會表示：美國不支持台獨，姑且相信台北公開強調不尋求台獨的說法。	海協會以負責人名義表示，台北「一邊一國論」實際上仍是鼓吹台獨。
2002/8/8	蔡主委在程建人陪同下，至國務院會晤副國務卿阿米塔吉。	阿米塔吉嚴肅地表達美方的關切，在意台北毫無預警的抛出爭議性議題。	
2002/8/9	美台高層對話綿密互動。		

2002/8/10	蔡主委越洋電話，指示陸委會發布新聞稿，澄清負荊請罪之說。		
2002/8/20			國務院副總理錢其琛在北京中南海會見「中國和平統一促進會」訪問團一行時稱，「一邊一國」與「兩國論」是一脈相承，為兩岸關係設置了新的障礙

附錄二：台灣民眾對兩岸是「特殊的國與國關係」的看法

（時間：1999.7.10-9.15，共 14 項）

引自：陸委會 http://www.mac.gov.tw/big5/mlpolicy/pos/890131/88tab14.htm

編號	調查時間	調查題目	調查結果	調查單位	調查對象及有效樣本數
1	7.10~7.11	有人主張：「台灣和大陸之間，是一種特殊的國與國之間的關係。」請問您同不同意這項說法？	同意 48.9% 不同意 29.6% 無意見 21.6%	聯合報	台灣地區民眾 1012
2	7.12~7.12	日前李登輝總統接受德國媒體專訪時，對於兩岸的關係提出：「兩岸是特殊國與國之間的關係」，請問您同不同意現在的台灣和大陸的關係是特殊國與國關係？	同意 56.1% 不同意 22% 不知道 21.9%	TVBS 民意調查中心	台灣地區民眾 814
3	7.13~7.14	對李總統兩國論的看法：	同意 60.9% 不同意 26.6%	中國國民黨革命實踐研究院	台灣地區民眾 800
4	7.14~7.15	對兩國論的看法：	贊成 43% 不贊成 18% 不知道 20%	山水民意調查公司	台灣地區民眾 1029

5	7.14~7.15	李總統認為「兩岸關係是特殊的國家對國家的關係」，請問您贊不贊成？	贊成 73.3% 不贊成 17.3% 不知道 9.4%	全國意向調查研究中心	台灣地區民眾1103
6	7.15~7.15	最近有一種主張說：「台灣和大陸之間，是一種特殊的國與國之間的關係。」請問您同不同意這項說法？	同意 45.9% 不同意 26.5% 無意見 27.6%	聯合報	台灣地區民眾843
7	7.16~7.17	對於李總統提出「兩岸關係是兩國論」的說法的看法：	同意 55.2% 不同意 23.4%	民意調查基金會	台灣地區民眾1009
8	7.17~7.18	對於李總統「特殊兩國論」的說法的看法：	同意 57.3% 不同意 27.5%	中國國民黨中央政策會	台灣地區民眾1376
9	7.19~7.20	日前李登輝總統接受「德國之聲」媒體專訪時，對於兩岸的關係提出「兩岸是特殊國與國之間的關係」，請問您同不同意？	同意 78.4% 不同意 15.3% 無意見 6.3%	商業周刊	台灣地區企業經理人 587
10	7.23~7.24	最近有一種主張說：「台灣和大陸之間，是一種特殊的國與國之間的關係。」請問您同不同意這項說法？	同意 55.8% 不同意 24.1% 無意見 20.1%	聯合報	台灣地區民眾995

11	8.5~8.5	對李總統提出「台灣和大陸間是國與國關係」的看法：	同意 81.8% 不同意 13.6% 無意見 4.6%	遠東經濟評論、美國 CNBC Asia 電視公司	台灣地區企業菁英
12	8.5~8.6	對李登輝總統所提的「台灣與大陸是特殊的國與國關係」的看法：	同意 54.7% 不同意 24.5%	山水民意調查公司	台灣地區民眾 1130
13	8.27~8.31	對於「台灣與大陸是特殊的國家與國家間的關係」這種說法，請問您是贊成還是不贊成？	贊成 65.5% 不贊成 24.8% 無意見 9.7%	行政院大陸委員會	台灣地區民眾 1067
14	9.14~9.15	最近有一種主張說：「台灣和大陸之間，是一種特殊的國與國之間的關係。」請問您同不同意這項說法？	同意 54% 不同意 23.6% 無意見 22.5%	聯合報	台灣地區民眾 1065

附錄三：台灣民眾對陳總統「一邊一國論」的看法

（時間：2002.8.4-8.9，共 18 項）

引自：陸委會 http://www.mac.gov.tw/big5/mlpolicy/pos/9201/tb13.htm

編號	調查時間	調查題目	調查結果	調查單位	調查對象及有效樣本數
1	8.4~8.4	對於陳水扁總統提出「台灣與對岸中國是一邊一國」的說法，請問您同不同意現在的台灣和大陸的關係是一邊一國的關係？	同意 54% 不贊成 29% 不知道 16%	TVBS 民意調查中心	台灣地區民眾 810
2	8.4~8.4	對於「台灣是個主權獨立的國家，和大陸一邊一國」說法：	同意 47% 不同意 33%	聯合報民意調查中心	台灣地區民眾 885
3	8.4~8.4	政府有無必要推動「台灣大陸，一邊一國」的主張？	有必要 28% 沒必要 50% 無意見 22%	聯合報民意調查中心	台灣地區民眾 885
4	8.5~8.5	陳水扁總統提出台灣大陸兩岸一邊一國的主張，請問您認為這是對台灣現狀的宣示，還是想要逐漸推動台灣獨立？	推動台灣獨立 45.1% 台灣現狀宣示 15.2% 不知道 38.1% 拒答 1.7%	中國時報民意調查組	台灣地區民眾 701

5	8.5~8.5	對於陳總統一邊一國的主張，請問您覺得對國內民心的安定，會有好的影響，還是不好的影響？	好的影響 14% 不好的影響 59.6% 沒有影響 6.5% 不知道 19.5% 拒答 0.3%	中國時報民意調查組	台灣地區民眾 701
6	8.5~8.5	對於陳總統一邊一國的主張，請問您覺得對台灣目前的經濟發展，會有好的影響，還是不好的影響？	好的影響 10% 不好的影響 63.8% 沒有影響 6.5% 不知道 19.4% 拒答 0.3%	中國時報民意調查組	台灣地區民眾 701
7	8.5~8.5	對於陳總統一邊一國的主張，請問您覺得對於我們爭取更大的國際活動空間，會有好的影響，還是不好的影響？	好的影響 29.7% 不好的影響 39.7% 沒有影響 4% 不知道 25.4% 拒答 1.2%	中國時報民意調查組	台灣地區民眾 701
8	8.5~8.5	「台灣是一個主權獨立的國家，台灣和對岸的中國是一邊一國」的說法：	同意 41% 不同意 41% 不知道 17.4%	東森民調中心	台灣地區民眾 805
9	8.5~8.5	陳總統的一邊一國論提出後，您是否擔心會因此而造成兩岸關係緊張呢？	擔心 51.2% 不擔心 41.4%	東森民調中心	台灣地區民眾 805
10	8.5~8.5	陳總統提出的一邊一國論，是否意味著將把台灣帶向「台灣獨立」的道路呢？	同意 52.9% 不同意 33.5%	東森民調中心	台灣地區民眾 805

11	8.5~8.5	針對陳總統的談話，中共國台辦發言人表示：陳水扁罔顧民意，鼓吹台獨，把極少數頑固台獨分子的圖謀強加給廣大台灣人民是錯判形勢，應立即懸崖勒馬。對於這樣的說法：	不同意 47.6% 同意 30.8%	東森民調中心	台灣地區民眾 805
12	8.5~8.6	陳水扁總統最近表示，「台灣與對岸中國是一邊一國，台灣絕對不能成為第二個香港」，請問您贊不贊成這項說法？	贊成 63.8% 不贊成 28.3% 沒意見 7.9%	民進黨中央黨部	台灣地區民眾 1154
13	8.5~8.6	對於「一邊一國」主張的看法：	贊成 36% 不贊成 39%	三立民調專案中心	台灣地區民眾
14	8.6~8.6	陳總統發表兩岸一邊一國談話後，有人說『一邊一國』是對岸的中華人民共和國以及我們這邊的中華民國，但也有人說『一邊一國』是對岸的中華人民共和國及台灣和國；請問您比較同意哪一種看法？	中華民國與中華人民共和國 38.3% 台灣共和國與中華人民共和國 33.3% 不知道/無意見 28.4%	國民黨中央委員會政策研究部	台灣地區民眾 1067
15	8.6~8.6	陳總統在當前經濟不景氣、失業率高漲以及兩岸關係停滯的情形下，發表兩岸是『一邊一國』的談話，請問您	不適當 36.5% 不適當 51.5% 不知道/無意見 12.1%	國民黨中央委員會政策研究部	台灣地區民眾 1067

		認為適當不適當？			
16	8.8~8.9	陳水扁總統對於兩岸關係提出：「台灣與對岸中國，一邊一國，要分清楚」，請問您同不同意現在台灣和大陸的關係是一邊一國的關係？	同意 52% 不同意 32% 不知道 17%	TVBS 民意調查中心	台灣地區民眾 1218
17	8.8~8.9	陳總統提出「一邊一國」的說法後，請問您擔不擔心兩岸的關係會更緊張？	擔心 50% 不擔心 43% 不知道 / 無意見 8%	TVBS 民意調查中心	台灣地區民眾 1218
18	8.8~8.9	陳水扁總統提出「一邊一國」的說法後，請問您擔不擔心國內的經濟狀況會更差？	擔心 62% 不擔心 31% 不知道 / 無意見 7%	TVBS 民意調查中心	台灣地區民眾 1218

附錄四：北京對「兩國論」文攻集彙

（時間：1999/7/12 至 9/18，共 74 筆）

資料來源：國務院台灣事務辦公室編，《「兩國論」批判（一）（二）（三）》

編號	日期	媒體	篇名	署名
1	7/12	人民日報	中央台辦、國務院台辦發言人就李登輝分裂中國言論發表談話	
2	7/12	人民日報	唐樹備嚴辭駁斥台灣當局分裂言論	
3	7/13	人民日報	外交部發言人正告台灣當局必須停止一切分裂祖國活動	
4	7/13	人民日報	唐樹備正告台灣當局鼓吹「兩個中國」註定要失敗	
5	7/13	人民日報	汪道涵希望辜振甫就兩岸會談是「國與國會談」說法予以澄清	
6	7/13	人民日報	評李登輝的分裂言論	新華社評論員
7	7/14	人民日報	要害是破壞一個中國原則	評論員
8	7/15	人民日報	李登輝不要玩火	《解放軍報》評論員
9	7/15	人民日報	李登輝窮途末路的掙扎	《瞭望》週刊編輯部
10	7/16	人民日報	陳雲林強烈抨擊李登輝「兩國論」	
11	7/17	人民日報	分裂國家就是歷史罪人	新華社評論員
12	7/18	人民日報	分裂鬧劇背後	郭泰文
13	7/19	人民日報	江澤民重申中國政府在台灣問題上的嚴正立場	
14	7/19	人民日報	絕不允許破壞兩岸關係的基礎	新華社評論員
15	7/21	人民日報	中央台辦、國務院台辦負責人發表「堅決反對台灣分裂勢力按『兩國論』『修憲』」的談話	

16	7/21	人民日報	一個中國原則是和平統一的基礎	評論員
17	7/21	解放軍報	「精實案」豈能圓李登輝「台獨」夢	《解放軍報》評論員
18	7/22	人民日報	分裂沒有出路	新華社評論員
19	7/26	人民日報	詭辯挽救不了李登輝	新華社評論員
20	7/27	人民日報	中國的領土和主權不容分割	評論員
21	7/27	人民日報	「兩國論」是分裂國家的政治賭博	蘇格
22	7/28	人民日報	國際社會沒有「兩國論」的生存空間	新華社評論員
23	7/28	人民日報	奉行一個中國原則的國際潮流不可阻擋	孫升亮
24	7/29	人民日報	台灣當局必須懸崖勒馬	評論員
25	7/30	人民日報	台灣當局莫把兩岸關係當兒戲	新華社評論員
26	7/30	人民日報	收回是可以的賴賬是不行的	郭泰文
27	7/31	人民日報	海協會負責人就所謂「辜董事長談話稿」發表談話	
28	7/31	人民日報	海峽兩岸關係協會退回台灣海基會來函	
29	8/1	人民日報	要害是李登輝頑固堅持「兩國論」	《人民日報》、新華社特約評論員
30	8/1	《求是》雜誌第15期	祖國統一的歷史潮流不可阻擋	《求是》雜誌評論員
31	8/3	人民日報	堅持「兩國論」就是背叛台灣人民	新華社評論員
32	8/4	人民日報	「兩國論」是禍臺論	黃嘉樹
33	8/5	人民日報	中央台辦、國務院台辦負責人嚴正駁斥台灣當局「特殊國與國關係論書面說明」	
34	8/5	人民日報	「特殊」豈能掩蓋「兩國論」的分裂實質	李義虎
35	8/6	人民日報	李登輝的「變」與「不變」	新華社評論員
36	8/8	人民日報	要害是分裂中國主權	劉文宗
37	8/9	人民日報	自我標榜欲蓋彌彰	洪范
38	8/7	人民日報	對話是假分裂是真	新華社評論員
39	8/10	觀察家	駁李登輝的「兩國論」	

40	8/10	中國青年報	台灣同胞是「兩國論」最大的受害者	心月
41	8/11	人民日報	堅定不移地維持一個中國的原則	曉揚
42	8/13	人民日報	一個中國是無可爭辯的事實－評台灣當局對「特殊國與國關係論」的書面說明	中共中央台辦宣傳局、國務院台辦新聞局
43	8/14	人民日報	李登輝為何如此囂張	新華社評論員
44	8/18	人民日報	「實力」救不了李登輝－評「兩國論」背後的「四張牌」	《解放軍報》評論員
45	8/19	人民日報	「挾洋」救不了李登輝－二評「兩國論」背後的「四張牌」	《解放軍報》評論員
46	8/20	人民日報	「國際分裂逆流」救不了李登輝－四評「兩國論」背後的「四張牌」	《解放軍報》評論員
47	8/21	人民日報	假借「民意」救不了李登輝－四評「兩國論」背後的「四張牌」	《解放軍報》評論員
48	8/24	人民日報	李登輝要提升什麼層次	歷卜士
49	8/25	人民日報	「特殊兩國論」是對亞太和平的公然挑戰	新華社評論員
50	8/26	人民日報	李登輝已同「台獨」公開合流	羽佳
51	8/27	人民日報	搞分裂由來已久「兩國論」原形畢露－評台灣當局對李登輝「兩國論」的辯解	化青
52	8/28	人民日報	「愈鬧愈好」，還是「愈鬧愈遭」	評論員
53	9/1	《求是》雜誌第 16 期	李登輝的分裂圖謀註定要失敗	李家泉研究員
54	9/1	人民日報	中共中央台辦負責人嚴厲譴責李登輝將「特殊兩國論」納入國民黨文件	
55	9/2	人民日報	李登輝使國民黨背負沉重罪責－評「兩國論」列入國民黨決議	新華社評論員
56	9/4	人民日報	江澤民在泰國國家文化中心有關台灣問題的演練	
57	9/4	人民日報	江澤民在泰國總理招待會上談台灣問題	

58	9/5	人民日報	江澤民出席泰國中華總商會和泰中友協舉行的歡迎午宴並發表與台灣問題的講話	
59	9/7	人民日報	一個中國原則的挑釁者－評李登輝及其「兩國論」	評論員
60	9/8	人民日報	李登輝把國民黨拖向何處	王義堂
61	9/9	人民日報	江澤民主席與霍華德總理舉行會談時談台灣問題	
62	9/9	人民日報	江澤民主席在堪培拉會見中外記者時闡述我國在台灣問題上的原則立場	
63	9/9	人民日報	台灣人民利益的背叛者－二評李登輝及其「兩國論」	評論員
64	9/10	人民日報	唐家璇會見奧爾布賴特時談台灣問題	
65	9/10	人民日報	中國內政不容干涉－評美國政府一官員有關台灣問題的談話	端木來娣 孫承斌
66	9/11	人民日報	我們為什麼不承諾放棄使用武力	《解放軍報》評論員
67	9/12	人民日報	江澤民主席在奧克蘭與克林頓總統正式會晤時談台灣問題	
68	9/12	人民日報	中華民族利益的出賣者－三評李登輝及其「兩國論」	評論員
69	9/13	人民日報	錢其琛會見奧你爾布賴特和伯杰時談台灣問題	
70	9/14	人民日報	李登輝正將台灣推向災難	評論員
71	9/15	人民日報	海峽兩岸關係的破壞者－四評李登輝及其「兩國論」	評論員
72	9/16	人民日報	國際社會的「麻煩製造者」－五評李登輝及其「兩國論」	評論員
73	9/17	人民日報	值得嚴重注意的李登輝新動向	新華社評論員
74	9/18	人民日報	不收回「兩國論」就鬥爭到底	新華社評論員

筆者製表（2006/12/18）

附錄五：北京對「一邊一國論」文攻集彙

（2002/8/4 至 8/30，共 69 筆）

資料來源：國務院台灣事務辦公室新聞局編，《陳水扁「一邊一國論」
批判》

編號	日期	媒體	篇名	署名
1	8/4	新華社北京電	徐博東：陳水扁「一邊一國論」嚴重挑釁一個中國原則	
2	8/5	新華社北京電	黃嘉樹指出陳水扁鼓吹「台獨」使兩岸關係陷入危險境地	
3	8/5	中央電視台《海峽兩岸》節目	「一邊一國論」就是「兩國論」	
4	8/5	《人民日報》海外版	「圖窮匕見」的「台獨」「兩國論」	何標
5	8/5	《人民日報》海外版	港澳輿論和各界有關人士強烈譴責陳水扁「台獨」言論	
6	8/5	人民日報	陳水扁「一邊一國」言論引起台灣輿論和各界強烈質疑	
7	8/5	《人民日報》海外版	世界各地華僑華人發表聲明或講話強烈譴責陳水扁「一邊一國」言論	
8	8/5-7	鳳凰電視台	阮次山談「一邊一國論」	

9	8/6	人民日報	中共中央台辦國務院台辦新聞發言人就陳水扁鼓吹「台獨」發表談話	新華社評論員
10	8/6	新華社北京電	陳水扁錯判形勢鋌而走險	蘇格
11	8/7	《人民日報》海外版	香港輿論撻伐「台獨」言論	
12	8/7	人民日報	危險的挑釁－評陳水扁的分裂言論	
13	8/7	中央電視台《海峽兩岸》節目	專家縱論台海危機	
14	8/7	《人民日報》海外版	陳水扁在玩火	蘭沁
15	8/7	人民日報	中國統促會與俄羅斯中國統促會舉行「一個中國原則不容挑戰」座談會	
16	8/7	《人民日報》海外版	澳門媒體指出：陳水扁暴露「台獨」真面目	
17	8/7	《人民日報》海外版	台民眾認為「一邊一國論」將造成民心嚴重不安」	
18	8/7	《人民日報》海外版	台灣學者：拿民眾生命財產作政治豪賭與台灣多數人願望背道而馳	
19	8/7	人民日報	針對陳水扁鼓吹「台獨」言論台灣中國統一聯盟發表聲明	
20	8/7	人民日報	海外華僑華人紛紛發表聲明或談話痛斥陳水扁分裂祖國圖謀	
21	8/7	《人民日報》海外版	美國玻利維亞孟加拉國重申堅持一個中國原則不變	
22	8/7	人民日報	孟反對任何形式「台獨」	

23	8/7	人民日報	一些國家報紙繼續載文批駁陳水扁「台獨」謬論	
24	8/8	中央電視台《海峽兩岸》節目	「主權對等論」就是一邊一國論」	
25	8/8	人民日報	海協負責人發表談話嚴厲批駁陳水扁「台獨」行徑	
26	8/8	人民日報	海外華僑華人強烈譴責陳水扁「台獨」行徑	
27	8/8	人民日報	一些國家報紙載文痛斥陳水扁「台獨」謬論	
28	8/9	中央電視台《海峽兩岸》節目	「公投立法」就是「台獨」	
29	8/9	新華網	北京學者：「公投立法」將給兩岸關係帶來嚴重後果	
30	8/9	人民日報	香港輿論和各界人士指出陳水扁「台獨」言論威脅兩岸人民利益	
31	8/9	人民日報	澳門輿論及各界譴責「台獨」言論奉勸陳水扁趕快懸崖勒馬	
32	8/9	人民日報	海外華僑華人指出陳水扁分裂謬論威脅世界和平	
33	8/9	《人民日報》海外版	一個台灣人的肺腑之言	張沛江8.8於美國芝加哥
34	8/9	《人民日報》海外版	美官員說美堅持一個中國政策	
35	8/9	《人民日報》海外版	國際輿論批評陳水扁「台獨」謬論	

36	8/10	《人民日報》海外版	就台灣「參與」聯合國提案問題外將部發言人發表談話	
37	8/10	《人民日報》海外版	各民主黨派中央全國工商聯負責人和無黨派人士在京聯合召辦座談會強烈譴責陳水扁分裂祖國的「台獨」言論	
38	8/10	《人民日報》海外版	中國僑聯在京舉行座談會強烈譴責陳水扁「一邊一國論」	
39	8/10	《人民日報》海外版	香港知名人士批駁陳水扁分裂言論	
40	8/11	人民日報	澳門媒體繼續抨擊陳水扁分裂祖國的言行	
41	8/11	人民日報	台灣民主團結聯盟就陳水扁「一邊一國」論發表聲明	
42	8/11	人民日報	投資漳州台商認為陳水扁不關心台商的根本利益	
43	8/13	《人民日報》海外版	大陸學者呼籲國際社會莫向「台獨」勢力發出錯誤訊息	
44	8/13	人民日報	北京專家學者指出陳水扁分裂言論危害嚴重	
45	8/13	人民日報	陳水扁的嘴－從台灣「陸委會」的《說帖》說起	章念馳
46	8/13	《人民日報》海外版	「隨便」藏禍心	利人
47	8/13	《人民日報》海外版	擋不住的潮流－台灣一月印象	姚小敏 孫立極

48	8/13	《人民日報》海外版	港區全國政協委員舉行座談會強烈譴責「台獨」言論	
49	8/13	人民網	全美中國和平統一促進大會通過宣言中國統一是全體中國人的共同心願	
50	8/13	人民網	海外華人華僑繼續發表講話痛斥陳水扁「台獨」言論	
51	8/14	人民日報	我常駐聯合國代表致函安南重申一個中國原則	
52	8/14	《人民日報》海外版	中國統促會、黃埔同學會舉行座談會強烈譴責陳水扁「台獨」言論	
53	8/14	人民日報	海峽兩岸關係研究中心主任唐樹備指出「台獨」永遠是走不通的死胡同	
54	8/14	《人民日報》海外版	從惡如崩	邵立群
55	8/14	《人民日報》海外版	香港一些社團舉行座談會發表聲明反對「台獨」維護祖國統一	
56	8/14	《人民日報》海外版	島內部分黨派團體集會抗議「一邊一國論」	
57	8/14	人民網	美加僑界分別發表宣言和公開信批駁「台獨」謬論支持祖國統一	
58	8/14	《人民日報》海外版	英國葡萄牙華僑華人團體發表聲明強烈譴責「一邊一國」論	
59	8/15	人民網	休斯敦地區留學人員譴責「一邊一國論」	

60	8/15	人民日報	新也兩國強調繼續支持中國統一大亞	
61	8/18	《人民日報》海外版	兩個「麻煩製造者」的雙簧戰	邰海
62	8/19	《人民日報》海外版	讓事實說話	陳小艷
63	8/20	《人民日報》海外版	一份頑固堅持「台獨」立場的辯解書－評台灣「陸委會」8月7日「說帖」	許世銓
64	8/22	人民日報	錢其琛會見全非洲中國統促會訪問團時談台灣問題	
65	8/22	人民日報	國際社會沒有「台獨」和分裂空間	郭震遠
66	8/23	《人民日報》海外版	陳雲林會見台灣電機電子公會考察團時表示分裂言論影響台灣安定和發展	
67	8/24	新華社香港電	陳水扁緣何變臉	章念馳
68	8/29	人民日報	「台獨」是兩岸關係緊張的根源	劉佳雁
69	8/30	新華網	民意不可侮	

筆者製表（2006/12/18）

國家圖書館出版品預行編目

激與盪：台北危機處理「兩國論」與「一邊一國
論」/ 邵正興著. -- 一版. -- 臺北市：
秀威資訊科技, 2008.05
面； .公分. --(社會科學類；PF0028)

ISBN 978-986-6732-93-5(平裝)

1.兩岸關係 2.臺灣政治 3.危機管理

573.09   97004775

社會科學類　PF0028

激與盪
——台北危機處理「兩國論」與「一邊一國論」

作　　者 / 邵正興
發 行 人 / 宋政坤
執行編輯 / 賴敬暉
圖文排版 / 黃莉珊
封面設計 / 莊芯媚
數位轉譯 / 徐真玉　沈裕閔
圖書銷售 / 林怡君
法律顧問 / 毛國樑　律師
出版印製 / 秀威資訊科技股份有限公司
　　　　　台北市內湖區瑞光路 583 巷 25 號 1 樓
　　　　　電話：02-2657-9211　　　傳真：02-2657-9106
　　　　　E-mail：service@showwe.com.tw
經 銷 商 / 紅螞蟻圖書有限公司
　　　　　台北市內湖區舊宗路二段 121 巷 28、32 號 4 樓
　　　　　電話：02-2795-3656　　　傳真：02-2795-4100
　　　　　http://www.e-redant.com

2008 年 5 月 BOD 一版
定價：160 元

讀　者　回　函　卡

感謝您購買本書，為提升服務品質，煩請填寫以下問卷，收到您的寶貴意見後，我們會仔細收藏記錄並回贈紀念品，謝謝！

1.您購買的書名：_____

2.您從何得知本書的消息？

　　□網路書店　□部落格　□資料庫搜尋　□書訊　□電子報　□書店

　　□平面媒體　□ 朋友推薦　□網站推薦 □其他_____

3.您對本書的評價：(請填代號　1.非常滿意 2.滿意 3.尚可 4.再改進)

　　封面設計____　版面編排____　內容____　文/譯筆____　價格____

4.讀完書後您覺得：

　　□很有收獲　□有收獲　□收獲不多　□沒收獲

5.您會推薦本書給朋友嗎？

　　□會　□不會，為什麼？_____

6.其他寶貴的意見：_____

_____

_____

_____

讀者基本資料

姓名：_____　年齡：_____　性別：□女 □男

聯絡電話：_____　E-mail：_____

地址：_____

學歷：□高中(含)以下　　□高中　　□專科學校　　□大學

　　　□研究所(含)以上 □其他_____

職業：□製造業 □金融業 □資訊業 □軍警 □傳播業 □自由業

　　　□服務業 □公務員 □教職　□學生 □其他_____

To：114

台北市內湖區瑞光路 583 巷 25 號 1 樓

秀威資訊科技股份有限公司　　　收

寄件人姓名：

寄件人地址：□□□

- -

(請沿線對摺寄回,謝謝!)

秀威與 BOD

BOD（Books On Demand）是數位出版的大趨勢，秀威資訊率先運用 POD 數位印刷設備來生產書籍，並提供作者全程數位出版服務，致使書籍產銷零庫存，知識傳承不絕版，目前已開闢以下書系：

一、BOD 學術著作—專業論述的閱讀延伸
二、BOD 個人著作—分享生命的心路歷程
三、BOD 旅遊著作—個人深度旅遊文學創作
四、BOD 大陸學者—大陸專業學者學術出版
五、POD 獨家經銷—數位產製的代發行書籍

BOD 秀威網路書店：www.showwe.com.tw
政府出版品網路書店：www.govbooks.com.tw

永不絕版的故事・自己寫・永不休止的音符・自己唱